KÖNIGS ERLÄUTERUNGEN SPEZIAL

Textanalyse und Interpretation zu

Franz Kafka

ERZÄHLUNGEN UND KURZE PROSA

von Kai Schröter

Alle erforderlichen Infos für Abitur, Matura, Klausur und Referat

Bange Verlag

Zitierte Ausgabe
Franz Kafka: *Die Erzählungen*. Hrsg. v. Roger Hermes. Fischer Taschenbücher Bd. 90371 (Fischer Klassik). Frankfurt/Main: Fischer Taschenbuch Verlag, 2011.

Über den Autor
Kai Schröter, geb. 1974, studierte Germanistik, Geschichte und Philosophie an der Westfälischen Wilhelms-Universität Münster und an der Universität Osnabrück. Nach Tätigkeiten als Wiss. Hilfskraft unterrichtet er heute als Studienrat Deutsch, Geschichte und Werte und Normen an einem niedersächsischen Gymnasium, arbeitet an Schulbüchern mit und verfolgt gegenwärtig eine literaturdidaktische Dissertation an der Universität Osnabrück.

Hinweis:
Die Rechtschreibung wurde der amtlichen Neuregelung angepasst.

3. Auflage 2020
ISBN 978-3-8044-3096-9
PDF: 978-3-8044-5096-7, EPUB: 978-3-8044-4096-8

Titelabbildung: Franz Kafka 1923 © ullstein bild – Imagno
Druck und Weiterverarbeitung: Tiskárna Akcent, Vimperk

Franz Kafka (1883–1924) © ullstein bild – Imagno

1. FRANZ KAFKA: LEBEN UND ZEIT

1.1 Biografie

JAHR	ORT	PERSONEN, EREIGNISSE, ZUSAMMENHÄNGE	ALTER
		Kindheit und familiäre Situation → unterschiedliche Herkunft der **Eltern:** Hermann Kafka (1852–1931), aufstrebender Kaufmann aus tschechisch-jüdischem Provinzproletariat; Julie Kafka, geb. Löwy (1856–1934), Tochter aus vermögendem, deutsch-jüdischem Bildungsbürgertum → gut laufendes **Geschäft** in der Prager Altstadt: Handel mit „Galanteriewaren" (Modeaccessoires) → **kleinbürgerliche Verhältnisse**: Mietwohnung in Prager Altstadt, häufige Umzüge, zwei tschechische Dienstmädchen (Köchin, Erzieherin), Umgangssprache Tschechisch und Deutsch, bescheidener Wohlstand, ohne viel geistige Anregungen	
1883	Prag[1]	3. Juli: **Geburt** Franz Kafkas (K.) als erstes Kind der Familie	
1885–1892	Prag	Geburten mehrerer **Geschwister**: Georg (1885–86, stirbt an Masern), Heinrich (1887–88, stirbt an Meningitis), Gabriele, genannt Ellie (1889–1942, Tod im KZ), Valerie, gen. Valli (1890–1942, Tod im KZ), Ottilie, gen. Ottla (1892–1943, Tod im KZ)	2–9
1887–1889	Prag	Mehrere geschäftliche Bagatell-Anzeigen gegen den Vater, immer Freispruch	4–5

1 Wenn nicht anders angegeben, liegen die meisten Orte in Böhmen, teils in Mähren (seinerzeit Teil der Doppelmonarchie Österreich-Ungarn (ÖU), ab 1918 der Tschechoslowakischen Republik).

JAHR	ORT	PERSONEN, EREIGNISSE, ZUSAMMENHÄNGE	ALTER
		Schul- und Universitätszeit Unterrichtssprache ist Deutsch; K. ein überdurchschnittlich guter Schüler; als Gymnasiast zunehmendes Interesse an Literatur; Entschluss, Schriftsteller zu werden; erste, nicht erhaltene literarische Versuche	
1889	Prag	Eintritt in die „Deutsche Volksschule"	6
1893	Prag	Eintritt in das humanistische „Altstädter Deutsche Gymnasium"	10
1896	Prag	Bar-Mizwa (jüdische Initiationsfeier)	13
1900	Triesch Roztoky	Ferien bei seinem Lieblingsonkel, dem Landarzt Siegfried Löwy Sommerferien mit den Eltern	17
1901	Prag Norderney und Helgo-land Prag	Abitur Urlaubsreise allein nach Norderney und Helgoland Studienbeginn an der „Deutschen Karl-Ferdinands-Universität Prag" Studienversuche in Chemie, Jura, Germanistik	18
1902	Prag	Wiederaufnahme Jurastudium; erste Begegnung mit Max Brod (1884–1968)	19
1903	Prag Südböhmen Dresden	Rechtshistorische Staatsprüfung (Note „Gut") Sommerferien mit der Familie Aufenthalt in einem Naturheilsanatorium Arbeit an einem verschollenen Roman *Das Kind und die Stadt*	20
1904	Prag	Beginn der Arbeit am Erzählprojekt *Beschreibung eines Kampfes*, Erzählungen, Skizzen, Prosagedichte	21

1.1 Biografie

JAHR	ORT	PERSONEN, EREIGNISSE, ZUSAMMENHÄNGE	ALTER
1905	Zuckmantel	Kuraufenthalt im Sanatorium Zuckmantel (Schlesien)	22
	Prag	Erste Examensprüfungen, u. a. „judicielle Staatsprüfung" (Note: „Genügend"); Beginn regelmäßiger Zusammenkünfte mit den Freunden Oskar Baum, Felix Weltsch und Max Brod	
1906	Prag	Abschließende Examensprüfungen (Note: „Genügend"); Volontariat in einer Advokatur; Promotion zum Dr. jur.; Beginn des „Gerichtspraktischen Jahres" beim Landgericht, Fortführung beim Strafgericht (bis 1907)	23
		Erste Jahre der Berufstätigkeit Theaterbesuche, literarische Cafés	
1907	Prag	Aushilfskraft in der Prager Filiale der italienischen Privatversicherung Assicurazioni Generali	24
1908	Prag	*Betrachtung*[2] (erste Veröffentlichung K.s); Eintritt als Hilfsbeamter in die AUVA[3], Beginn der engen Freundschaft mit Max Brod	25
	Tetschen, Cernosic	Erste Dienstreisen	
1909	Riva	Ferienreise mit Max und Otto Brod an den Gardasee	26
	Tetschen	Zahlreiche Dienstreisen in nordböhmische Industriegebiete	
	Pilsen	Beginn der *Tagebücher*	
1910	Prag	Beförderung zum Koncipisten (Projektleiter)	27
	Paris	Urlaubsreise mit Max Brod nach Paris	
	Berlin	K. anschließend noch kurz in Berlin	

2 Bei *Betrachtung* handelt es sich um eine Publikation von acht kleinen Prosastücken Kafkas in einer Zeitschrift.

3 „Arbeiter-Unfall-Versicherungsanstalt für das Königreich Böhmen", gesetzliche Sozialversicherung in Österreich-Ungarn.

JAHR	ORT	PERSONEN, EREIGNISSE, ZUSAMMENHÄNGE	ALTER
1911	Nordböhmen	Dienstreisen in böhmische Industriegebiete	28
	Schweiz, Italien, Paris	Urlaubsreise mit Max Brod über mehrere europäische Städte bis nach Paris, jeweils Kurzaufenthalte	
	Erlenbach bei Zürich	Kur in Schweizer Naturheilsanatorium	
	Prag	Bekanntschaft mit einer ostjüdischen Theatergruppe, Freundschaft mit dem Schauspieler Jizchak Löwy, Streit darüber mit dem Vater, Besuch jüdischer Kleinkunstaufführungen, Lektüren zum Judentum; vom Vater bestimmte Teilhabe an der Gründung eines „Prager Asbestwerkes" mit väterlicher Geldeinlage	
1912	Prag	Erste Fassung des Romans *Der Verschollene*	29
	Weimar	Ferienreise mit Max Brod nach Weimar	
	Harz	Kur im Naturheilsanatorium Jungborn	
	Prag	Zusammenstellung des ersten Bandes *Betrachtung*; Bekanntschaft und Beginn der Korrespondenz mit Felice Bauer (1887–1960); äußert Max Brod gegenüber Selbstmordgedanken; *Großer Lärm, Kinder auf der Landstraße, Betrachtung* (Sammelband), Entstehung von *Das Urteil* und *Die Verwandlung*	
1913	Prag	Beförderung zum Vice-Sekretär mit 30 unterstellten Referenten; verschiedene Treffen mit Felice Bauer, Heiratsantrag an sie	30
	Wien	Dienstreisen mit Vorgesetztem nach Wien, dort auch Besuch des XI. Internationalen Zionistenkongresses	
	Gardasee, Riva	Kur in einem Sanatorium in Riva; Erscheinen von *Das Urteil* und *Der Heizer*	

1.1 Biografie

JAHR	ORT	PERSONEN, EREIGNISSE, ZUSAMMENHÄNGE	ALTER
1914	Prag Berlin Ostsee Prag	1. Juni: offizielle Verlobung mit Felice Bauer Aussprache mit ihr im Berliner Hotel „Askanischer Hof" und Lösung der Verlobung am 12. Juli Ferien in Lübeck (28. Juli: Kriegserklärung ÖU an Serbien, Mobilmachung in ÖU) Unfreiwilliger Auszug aus der elterlichen Wohnung; **intensive Schaffensphase**: Arbeit an *Der Process*, Entstehung von *In der Strafkolonie*	31
1915	 Ungarn Prag Frankenstein Prag	Aufenthalte in der Asbestfabrik Erstes Wiedersehen mit Felice Bauer, Reise nach Ungarn Enthebung vom Militärdienst auf Antrag der AUVA Kuraufenthalt im Sanatorium Frankenstein (Nordböhmen) *Die Verwandlung* erscheint. Der Träger des Fontane-Preises für den „besten Erzähler 1915", Carl Sternheim, gibt sein Preisgeld an K. weiter.	32
1916	Prag Marienbad München	Erhöhung der Dienstzeiten in der AUVA Ferien in Marienbad mit Felice Bauer, inoffizielle Verlobung Öffentliche Autorenlesung in München, K. liest aus der *Strafkolonie*, drei Zuhörer werden ohnmächtig.	33
1916–1917	Prag	November bis April: **intensive Schaffensphase** K.s, er zieht sich abends in ein kleines Haus der Prager Altstadt (Goldmachergässchen) zurück; Kälteeinbruch, Kohlenmangel in Prag (Dez. 1916); Entstehung zahlreicher Prosastücke, u. a. von *Der Landarzt, Der Kübelreiter, Schakale und Araber, Der neue Advokat, Eine kaiserliche Botschaft, Ein Bericht für eine Akademie, Die Sorge des Hausvaters.*	33

JAHR	ORT	PERSONEN, EREIGNISSE, ZUSAMMENHÄNGE	ALTER
		Jahre der Krankheit → Ausbruch der Tuberkulose: Verheimlichung vor Eltern (erfahren es erst Ende 1917), Abmagerung → Rückkehr nach Hause → Bemühen um Pensionierung → Ablehnung der zweiten Braut Julie Wohryzek durch den Vater	
1917	Prag	Zweite offizielle Verlobung mit Felice Bauer; zwei Lungenblutstürze, Diagnose der Lungentuberkulose; Wiedereinzug bei den Eltern; Ablehnung von K.s Pensionierungsgesuch durch die AUVA; Entlobung und endgültige Trennung von Felice	34
	Zürau (Westböhmen)	Erholungsurlaub für acht Monate bei seiner Schwester Ottla auf deren westböhmischem Landgut (bis April 1918)	
1918	Prag	Löschung der „Prager Asbestwerke“, Hebräischstudien, (Friedensschlüsse, Ausrufung der Tschechoslowakischen Republik), versch. Erkrankungen	35
	Schelesen	Erholungsreise nach Nordböhmen	
1919	Schelesen	K. lernt Julie Wohryzek kennen, verlobt sich mit ihr.	36
	Prag	*In der Strafkolonie* erscheint, Entstehung von *Brief an den Vater*	
1920	Meran	Kuraufenthalt in Meran	37
	Prag/Wien	Beginn des Briefwechsels und der Liebesbeziehung mit Milena Jesenská	
	Prag	Schlaflosigkeit; Entlobung von Julie Wohryzek; Tumulte tschechischer Nationalisten gegen deutsch-jüdische Bürger in Prag; Beförderung zum Anstaltssekretär (Abteilungsleiter)	

1.1 Biografie

JAHR	ORT	PERSONEN, EREIGNISSE, ZUSAMMENHÄNGE	ALTER
1921	Matliary (Karpaten) Prag	Achtmonatiger Kur-Aufenthalt in Matliary Freundschaft mit Robert Klopstock	38
1922	Spindelmühle (Riesengebirge) Prag Planá (Südböhmen)	Kur-Aufenthalt in Spindelmühle; Entstehung des Romans *Das Schloss* und kleiner Prosastücke wie *Ein Hungerkünstler* Beförderung zum Obersekretär, Fieberanfälle, vorzeitige Pensionierung Reise zu Schwester Ottla nach Planá; Testamentsverfügung, die meisten seiner Werke zu verbrennen	39
1923	Prag Ostsee Berlin	Letzte Begegnung mit Milena Jesenská Kur-Aufenthalt im Ostseebad Müritz; Freundschaft mit Dora Diamant (1898–1952) und gemeinsame Übersiedlung nach Berlin, Talmud-Studien, Fieberanfälle, Geldnot, Lebensmittelknappheit, Unterstützung durch Eltern; Entstehung von *Eine kleine Frau*, *Der Bau*	40
1924	Prag Kierling bei Wien	Rückkehr nach Prag, Entstehung von *Josefine, die Sängerin oder Das Volk der Mäuse* Diagnose Kehlkopftuberkulose, Stimmverlust Kur-Aufenthalt in Kierling mit Robert Klopstock und Dora Diamant, Zunahme von Schmerzen; Doras Vater verweigert Zustimmung zu einer Eheschließung; Tod K.s am 3. Juni (ein Monat vor 41. Geb.), Beisetzung auf dem jüdischen Friedhof Prag-Straschnitz.	

1.2 Zeit- und literaturgeschichtliche Hintergründe

Kafkas Prag

Multiethnische Metropole

Prag war zur Zeit Kafkas eine von ca. 450 000 Tschechen, Deutschen und Juden bewohnte europäische Metropole und bis 1918 neben Wien ein Verwaltungszentrum des Vielvölkerstaates Österreich-Ungarn (danach Hauptstadt der Ersten Tschechoslowakischen Republik). Mittelalterliche Traditionen, moderne Einflüsse und vielfältige Kulturen der westlichen wie östlichen Hemisphäre prägten die Stadt, darüber hinaus war sie ein bedeutendes Handels- und Industriezentrum.

Deutsche und Tschechen

Kennzeichnend für das Prag Kafkas sind **gesellschaftliche Spannungen** verschiedener Ausprägung. Ein Grund dafür waren die in Prag zu unterschwelligem Bürgerkrieg führenden Konflikte zwischen der tschechischen Nationalbewegung und der privilegierten bürgerlich-liberalen deutschen Oberschicht: Diese war eingewandert und seit der Frühen Neuzeit beherrschend geworden, machte nur ca. fünf Prozent der Bevölkerung Prags aus, besetzte aber fast alle politischen und wirtschaftlichen Schlüsselstellen der Stadt sowie die freien Berufe und hatte sich standesmäßig abgeriegelt. Dagegen stand das wachsende nationale Selbstbewusstsein der tschechischen Bevölkerung (ca. 90 Prozent), vorwiegend Angehörige der Unterschicht, Arbeiter und Kleinbürger. Das Autonomiebestreben der Tschechen zeigte sich z. B. in der sprachlichen Tschechisierung des öffentlichen Raumes in Form von Straßenschildern, Tafeln usw. Auch institutionell erstarkte allmählich die tschechische Kultur neben der österreichisch-deutschen, was z. B. zur Abspaltung einer tschechischen Hochschule von der deutschen Universität führte. Überdies fanden vor dem Ersten Weltkrieg zahlreiche Straßentumulte und Prügeleien zwischen Tschechen und

Juden zwischen Assimiliation und Antisemitismus

Deutschen statt, schon unter Schülern. Aber auch Juden gerieten in diese Auseinandersetzungen, da für die Tschechen Juden zum deutschen Kulturkreis gehörten. Diese **prekäre Lage der Juden** in Prag, die ebenfalls fünf Prozent der Bevölkerung ausmachten und zum Großteil wirtschaftlich besser gestellt waren, bestand zwischen dem Versuch einer befreienden Anpassung an die christlich-deutsche Kultur (Assimilation) und Ablehnung und Verfolgung durch Tschechen (und nicht-jüdischen Deutschen).

Kafka selbst erlebte Ausschreitungen des tschechischen Judenhasses z. B. 1897 („Prager Dezembersturm") und 1920 in Straßendemonstrationen. Seine eigene Familie zählte mütterlicherseits zu den assimilierten Juden, der Vater entstammte jüdischem Provinzproletariat. Assimilierte Juden pflegten die religiösen Riten wenn überhaupt, so nur noch oberflächlich, fühlten sich der deutschen Kultur zugehörig, waren oft gebildet und wirtschaftlich erfolgreich. Ungeachtet dessen war die jüdische Gemeinschaft Prags eine sehr stabile mit eigenen Strukturen. Für viele Werke Kafkas wie den *Process*-Roman bildet das Prag seiner Zeit mit seinen Gassen und Plätzen den urbanen Hintergrund; zugleich versuchte er lange Jahre, Prag – und damit seine Familie – hinter sich zu lassen und in einer Großstadt wie Berlin ein neues Leben zu beginnen; erst gegen Ende seines Lebens sollte ihm dies zusammen mit Dora Diamant gelingen. Am 20. Dezember 1912 schrieb der junge Franz Kafka an Oskar Pollak:

„Dieses Mütterchen hat Krallen"

> „Prag lässt nicht los. Uns beide nicht. Dieses Mütterchen hat Krallen. Da muss man sich fügen oder –. An zwei Seiten müssten wir es anzünden, am Vyšehrad und am Hradschin, dann wäre es möglich, dass wir loskommen. Vielleicht überlegst Du es Dir bis zum Karneval."[4]

---

4 Kafka, *Briefe 1902–1924*, S. 14.

Das alte Prag mit seiner Altstadt und seinen Gässchen ist der ungenannte Schauplatz vieler Werke Kafkas © ullstein bild – imagno

Kulturelle und literarische Einflüsse

Das Ich zwischen Trieb und Gewissen

Zur Zeit Kafkas kam das neue Menschenbild der Psychoanalyse auf. Die von dem Wiener Arzt **Sigmund Freud** (1856–1939) begründete neue Wissenschaft vom Menschen stellte die Vorstellung eines souveränen Bewusstseins in Frage; das Ich galt nun als abhängig von unbewussten Trieben und Normen. In Träumen, Erzählungen, Assoziationen und Fehlleistungen wie Versprechern oder Verschreibern sahen die Psychoanalytiker Symptome bzw. Durchbrüche dieser unbewussten Faktoren, die demnach untersucht, gedeutet und als Ausgangspunkt für die Analyse und Therapie psychischer Störungen genutzt werden konnten. Wie nahezu alle Autoren der literarischen Moderne setzte sich auch **Kafka** mit der Psychoanalyse auseinander, besuchte Vorträge dazu, las Zeitungsartikel von Freud-Schülern und beteiligte sich an entsprechenden Gesprächskreisen, doch blieb sein Verhältnis zur neuen Wissenschaft zeitlebens zurückhaltend-ambivalent: „Es ist keine Freude(,) sich mit der Psychoanalyse abzugeben und ich halte mich von ihr möglichst fern, aber sie ist zumindest so existent wie die Generation.“[5]

Expressionismus und „Prager Kreis“

Weite Teile der deutschsprachigen Literatur Prags dieser Zeit lassen sich dem **Expressionismus** zuordnen, mit dem Kafka durch seine zahlreichen Gesprächskreise konfrontiert war. Die Merkmale expressionistischen Schreibens treffen auf Kafka aber nicht zu, er kann daher nicht als Vertreter dieser Literaturströmung angesehen werden: So ist sein Stil zu nüchtern und präzise gegenüber den bildgewaltigen Expressionisten, auch fehlt bei ihm jedes Aufbruch- oder „O Mensch“-Pathos. Jedoch bestehen thematisch-motivische Gemeinsamkeiten zwischen Kafka und der expressionistischen Generation (Vater-Sohn-Konflikt, Tierbilder u. a.).

Im **Prager Kreis**, wie rückblickend der literarische Zirkel um Kafka und seinen Freund Max Brod genannt wird, wirkten noch andere kulturelle Motivationen, die Kafka beeinflusst haben dürften, z. B. die Aussöhnung mit den Tschechen oder Probleme des Judentums. Kafka interessierte sich für die nationaljüdische Bewegung des **Zionismus**. Die Zionisten wie der jüdisch-österreichische Journalist Theodor Herzl (1860–1904, *Der Judenstaat*, 1896) erstrebten als Antwort auf den in Europa herrschenden Antisemitismus die Gründung eines neuen jüdischen Staates in Palästina und überführten so den jüdischen Diskurs kultureller und religiöser Identität, die sogenannte „Judenfrage“, in ein konkretes poli-

Zionismus und traditionelles Judentum

5 Zitiert nach: Thomas Anz, in: Engel/Auerochs, S. 69.

tisches Ziel. Dieses Projekt wurde sowohl von assimilierten, weltlichen Juden als auch von orthodoxen diskutiert und verlieh dem europäischen Judentum neues Selbstbewusstsein. Kafka suchte die Nähe vieler „Palästinafahrer", besuchte regelmäßig Vorträge zu dem Thema, lernte zeitweilig Hebräisch, doch beschäftigte er sich auch mit den orthodoxen Traditionen des Ostjudentums, dem Talmud und dem jiddischen Theater. Allerdings hatte er auch gegenüber seiner jüdischen Herkunft ein gespaltenes Verhältnis: „Was habe ich mit Juden gemeinsam? Ich habe kaum etwas mit mir gemeinsam und sollte mich ganz still, zufrieden damit dass ich atmen kann in einen Winkel stellen."[6]

Telefon, Diktiergerät und Kino

Ebenso faszinierten Kafka die **technologischen Innovationen** seiner Zeit, der schnelle Großstadtverkehr, die neue Kommunikation mit Telefonen oder Diktiergeräten sowie die moderne Bürokratie (vgl. *Der Process*, *Das Schloss*). Er schrieb beruflich auf Schreibmaschinen, damals eine Neuerung. Auch berichtete er über die Geräuschgewitter der Stenotypistinnen. Insbesondere interessierte ihn das neue Medium Kino. Er sah oft Filme, ging allein ins Kino. Sein Blick für Gebärden schärfte sich durch die Stummfilme der Zeit, seine Komik ist von zeitgenössischen Slapstickszenen (Charlie Chaplin) beeinflusst.

Politische Umbrüche

Der Erste Weltkrieg

Die **große Ereignisgeschichte** zu Lebzeiten Kafkas lief mehr oder weniger eindruckslos an ihm vorbei. Berühmt ist sein Tagebuchzitat am 2. August 1914: „Deutschland hat Russland den Krieg erklärt. – Nachmittag Schwimmschule."[7] Die Jahre des Ersten Weltkriegs 1914 bis 1918 erlebte Kafka als zwar Gemusterter,

---

6 Kafka, *Tagebücher*, S. 622.
7 Ebd., S. 543.

aber aus beruflichen Gründen Zurückgestellter von Prag aus mit (die Zurückstellung bereitete ihm Gewissenskonflikte). Er beobachtete kritisch das (teilweise inszenierte) nationalistische Pathos auf den Straßen. Zu den wichtigen historischen Ereignissen seiner Zeit zählen auch Ende und Zerfall der Donaumonarchie und die Gründung der Tschechoslowakei am 28. Oktober 1918. Prag wurde Hauptstadt des neuen Staates; die ethnischen und nationalistischen Auseinandersetzungen zwischen Tschechen, Deutschen und Juden gingen jedoch weiter und erweiterten sich um die Slowaken.

Mehr interessierte sich Kafka, zumindest vor dem Krieg, für **politische Veranstaltungen**. Er besuchte Reden von tschechischen Nationaldemokraten und Sozialisten, verkehrte in einem sozialistischen Klub und las politische Schriften, die der Arbeiterbewegung nahestanden.

2. INTERPRETATION: ERZÄHLUNGEN UND KURZE PROSA

Chronologischer Längsschnitt

Die **Auswahl der Texte** orientiert sich zum einen an Kafkas Schaffensphasen und zeigt so einen chronologischen Längsschnitt durch die Erzählkunst des Prager Autors. Einführend wird zunächst *Das Urteil* interpretiert als ein biografischer Schlüsseltext des Frühwerkes. Ein besonderer Schwerpunkt liegt hier auf der Erzählweise Kafkas: Dessen Innovation eines personalen, aber zu eigenständigen Sichtweisen fähigen Erzählers ist von Weltgeltung. Im *Urteil* führt er sie bereits mustergültig vor. Daneben zeigt die Auswahl auch einen Querschnitt durch Kafkas Erzählstile: So finden sich dramatische bzw. dialogische Gestaltungen des Geschehens, wie z. B. im *Urteil*, in der *Strafkolonie* oder im *Kübelreiter*, aber auch reflexive bzw. monologische Erzählweisen wie in der *Sorge des Hausvaters* oder in *Josefine, die Sängerin*. Kafkas Auswahl eines Ich-Erzählers statt seines üblichen Er-Erzählers ist im *Landarzt* und anderen Texten präsent; sein Bezug zu den kleinen, „einfachen" Erzählformen wie Fabel, Parabel oder Gleichnis wird ebenfalls in der Textauswahl abgebildet (vgl. *Kleine Fabel, Vor dem Gesetz, Von den Gleichnissen*).

Querschnitt durch Kafkas Erzählstile

Form als Ausgangspunkt

In Kafkas Prosa spielt die Form eine wesentliche Rolle. Die **Deutungsaspekte** orientieren sich daher vorrangig an Textaufbau und Erzählstruktur, sind also zunächst genuin literarische Zugänge (vgl. z. B. die Erzählperspektive des beobachtenden Reisenden in der *Strafkolonie*). Diese formalästhetischen Grundlagen sind die Ausgangspunkte und Vorgaben jeder weiterführenden außerliterarischen Deutung. Daher ist eine möglichst präzise Textbeschreibung in Form von Inhaltsangabe und Aufbau jeder Deutung vorangestellt.

2.1 Kafkas Erzählweise am Beispiel eines Frühwerkes: *Das Urteil* (1912[8])

Entstehung und Quellen

Nacht vom 22. auf 23. September 1912

Das Urteil ist eine Erzählung, deren Entstehung vom Autor genau dokumentiert ist: Kafka schrieb sie laut eigener Aussage in der Nacht eines Sonntags, vom 22. zum 23. September 1912, zwischen 10 Uhr abends und 6 Uhr morgens in seinem Zimmer der elterlichen Wohnung in Prag.[9] Der Text findet sich handschriftlich, ohne Titel, in geschlossener Form und nahezu vollständig im Zustand der späteren Veröffentlichung in seinen Tagebüchern. Vorarbeiten sind nicht bekannt. Einen Monat vorher hatte er die Berliner Angestellte Felice Bauer kennengelernt, zwei Tage zuvor die Korrespondenz mit ihr begonnen. Den Sonntag des 22. September erlebte Kafka „zum Schreien unglücklich"[10] in seiner Familie, mit verhasstem Smalltalk und elterlichen Vorwürfen. Die folgende Nacht der Niederschrift des *Urteils* dokumentierte er tags darauf eindringlich:

Schreiben bei „vollständiger Öffnung des Leibes und der Seele"

> „Die vom Sitzen steif gewordenen Beine konnte ich kaum unter dem Schreibtisch hervorziehn. Die fürchterliche Anstrengung und Freude, wie sich die Geschichte vor mir entwickelte[,] wie ich in einem Gewässer vorwärtskam. Mehrmals in dieser Nacht trug ich mein Gewicht auf dem Rücken. [...] Nur so kann geschrieben werden, nur in einem solchen Zusammenhang, mit solcher vollständigen Öffnung des Leibes und der Seele."[11]

---

8 Die Jahreszahl hier und in den folgenden Kapitelüberschriften gibt das jeweilige Entstehungsjahr an.

9 Vgl. Kafka, *Tagebücher*, S. 460 f.; hier findet sich der viel zitierte Eintrag Kafkas „Diese Geschichte *Das Urteil* habe ich (...)".

10 Erinnerung in einem Brief an Felice vom 3. Juni 1913, vgl. Engel/Auerochs, S. 152.

11 Kafka, *Tagebücher*, S. 460 f. Am folgenden Morgen entschuldigte sich der offenbar völlig erschöpfte Kafka bei seinem Vorgesetzten bei der AUVA (Arbeiter-Unfall-Versicherungsanstalt für das Königreich Böhmen) wegen eines „kleinen Ohnmachtsanfalls" (Hermes, *Chronik*, S. 90) und verbrachte den Vormittag im Bett.

Kafka und seine zweimalige Verlobte, die Berliner Angestellte Felice Bauer (1887–1960) © ullstein bild – AKG

Für Kafka ungewöhnlicher Schöpferstolz

Es folgten für den selbstkritischen Kafka untypisch zügige, stufenweise Veröffentlichungen seiner nächtlichen Arbeit: Kafka las den Text mehrmals vor, zuerst noch am selben Morgen seinen Schwestern, in den Folgewochen und -monaten Max Brod, weiteren Freunden sowie öffentlich auf Autorenabenden. Kafka redigierte den Text im Oktober, fügte Titel sowie die Widmung „für Fräulein Felice B." hinzu. Der erste Druck erschien im Mai 1913 in dem von Max Brod herausgegebenen Jahrbuch für Dichtkunst *Arkadia*, der zweite 1916 in der Reihe „Der jüngste Tag" des Kurt Wolff Verlags.

Quellen

Kafka selbst führte in Bezug auf das *Urteil* zwar Max Brods Roman *Arnold Beer. Das Schicksal eines Juden* (1912) und Franz Werfels Dramenfragment *Die Riesin. Ein Augenblick der Seele* an, doch handelt es sich dabei eher um literarische Assoziationen während des Schreibprozesses. Engere stoffliche Muster des *Urteils* hatte Kafka selbst bereits im März 1911 in der Erzählung *Die städtische Welt* auf einfachere Weise vorformuliert, aber in seinen Tagebüchern belassen.[12] Zu seinen nichtliterarischen Inspirationsquellen zählte Kafka auch die Psychoanalyse. Im Tagebucheintrag vom 23. September 1912 heißt es zur Entstehungsnacht der Erzählung: „Gedanken an Freud natürlich"[13].

„Gedanken an Freud natürlich"

Die Hintergründe zu der Erzählung *Das Urteil* zeigen einen besonderen **identifikatorischen, lebensgeschichtlichen Wert** des Textes für Kafka an.

---

12 Kafka, *Tagebücher*, S. 151–158. Zur Rolle der „Städtischen Welt" als Prätext des *Urteils* vgl. Engel/Auerochs, S. 152 f.
13 Kafka, *Tagebücher*, S. 461.

Inhaltsangabe

Der junge Kaufmann Georg Bendemann sitzt an einem Sonntagvormittag im Frühjahr in seinem Zimmer der elterlichen Wohnung am Schreibtisch. Er beendet einen Brief an seinen nach Russland ausgewanderten Jugendfreund in Petersburg. Während er aus dem Fenster sieht, denkt er an die erfolglose Geschäftsführung, den körperlichen Niedergang und die gesellschaftliche Isolation dieses Freundes. Variantenreich erwägt Georg die möglichen Folgen eines offenen Ratschlages an den Freund, wieder heimzukehren, statt weiter in der Fremde zu bleiben, verwirft diese Idee jedoch, um ihn nicht zu kränken. Er hat dem Freund früher schon aus denselben Gründen seinen eigenen beruflichen Aufstieg im väterlichen Geschäft verschwiegen, in dem Georg nach dem Rückzug des Vaters und seit dem Tod der Mutter Personal und Umsatz enorm gesteigert hat. So haben die beiden Jugendfreunde seit Jahren nur noch über Belanglosigkeiten korrespondiert. Außerdem hat Georg ihm seine Verlobung mit Frieda Brandenfeld verschwiegen. Inzwischen hat seine Verlobte bereits mehrmals bekundet, gekränkt zu sein, da sie den Freund deshalb wohl nie kennenlernen werde. Der aktuelle Brief Georgs enthält daher die überfällige Mitteilung über die Verlobung sowie eine Einladung an den Freund.

Georg Bendemann

Der Jugendfreund in Russland

Die verschwiegene Verlobung

Georg geht mit dem Brief in das Zimmer seines Vaters. Der Vater sitzt mit der Zeitung am Fenster, eine Mauer im Hof davor verdunkelt den Raum. Georg berichtet, er habe dem Petersburger Freund, trotz langen Verschweigens, endlich über die Verlobung unterrichtet. Der Vater hingegen redet über sein Alter, den Tod der Mutter und macht Anspielungen, ihm werde etwas verheimlicht. Er verlangt, von Georg die Wahrheit über den Freund zu erfahren. Georg bekundet daraufhin seine Sorge um den Vater, möchte ihn zu einer altersgemäßen Lebensweise überreden und regt an, ihn gleich ins Bett zu bringen. Der Vater behauptet darauf, der

Georgs Vater

Existiert der Jugendfreund wirklich?

Freund existiere nicht. Georg versucht, mithilfe von Erinnerungen den väterlichen Zweifel auszuräumen, und beginnt, ihn umzuziehen. Er trägt den gebrechlich scheinenden Vater langsam zu Bett, nimmt sich vor, sich mehr um ihn zu kümmern, beschließt auch, ihn in seinen zukünftigen Haushalt mit seiner Frau aufzunehmen. Als Georg dem Vater versichert, er habe ihn gut zugedeckt, wirft dieser die Decke zurück, steht im Bett auf, kränkt und verklagt seinen Sohn: Der Vater verkündet offen seine Zuneigung zu jenem Jugendfreund und wirft seinem Sohn selbstsüchtigen Betrug vor. Georg erschrickt, läuft fassungslos umher, weicht in einen Zimmerwinkel zurück. Der Vater posiert in vitaler Weise auf dem Bett, diffamiert mit obszönen Gesten Georgs Beziehung zu seiner Verlobten als bloße sexuelle Befriedigung und behauptet, Georg schände das Andenken der Mutter und versuche, seinen Vater ruhigzustellen. Außerdem erklärt der Vater, dass er mit dem Freund gemeinsame Sache mache und Georg nur vorgetäuscht habe, ahnungslos zu sein. Georg wünscht seinem Vater in Gedanken den Tod, bleibt aber still. Der Vater bekräftigt, noch immer der Stärkere zu sein, mit dem Freund und der Kundschaft des Geschäfts im Verbund zu stehen. Er droht seinem Sohn mit Gewalt gegenüber seiner Verlobten. Dann gibt der Vater mit schwingendem Arm den Jugendfreund als seinen eigenen Vertrauten aus, der die Briefe des Vaters denen Georgs vorziehe. Auch habe er seit Jahren auf diesen Moment der Enthüllung gewartet, für den Georg nach langem Zögern endlich reif geworden sei. Bemüht spöttische Einwürfe Georgs liefern den Tiraden des Vaters nur neue Stichworte und Bestätigungen. Schließlich nennt der Vater seinen Sohn einen „teuflische(n) Menschen“ (55[14]) und verkündet, er verurteile ihn

Die Anklage des Vaters

---

14 Seitenangaben zu den hier interpretierten Erzählungen Kafkas beziehen sich immer auf die zugrunde gelegte Edition: Hermes, *Erzählungen* (*Das Urteil*: S. 43–55), vgl. Literaturverzeichnis.

zum Tod durch Ertrinken. Georg rennt aus dem Zimmer, der Vater stürzt auf das Bett. Georg läuft auf die Straße, springt von einer Brücke in den Fluss, bekennt aber zuletzt noch seinen Eltern seine Liebe. Die Brücke wird währenddessen stark befahren.

Aufbau

Erster (reflexiver) Großabschnitt (43–47)

Vorgeschichte und Ausgangssituation

Der Erzähler thematisiert hier Ereignisse, die zeitlich im Vorfeld der eingeleiteten Handlungssituation liegen, nämlich die Vorkommnisse der letzten drei Jahre vor dem Sonntagvormittag des vom Vater gefällten „Urteils" über seinen Sohn. Technisch ist die Stimme des Erzählers bestimmend, der Innenansichten Georgs darbietet, zeitlich gerafft und achronisch, mit mehreren Sprüngen zurück in die letzten drei Jahre bzw. in den Sonntagvormittag:

- → So folgt einer scheinbar auktorialen Eingangsschilderung der gegenwärtigen Situation (43: Georgs Am-Fenster-Sitzen)
- → eine lange introspektive Passage mit zwei Reflexionen, die zweite in der Art eines inneren Monologes oder einer erlebten Rede (43 f.: Lage des Freundes, mögliche Ratschläge),
- → zwei Erinnerungen (44–46: Veränderungen für Georg, bisheri ge Korrespondenz),
- → eine Gesprächswiedergabe, die aber als erinnerte Rekonstruktion zu fassen ist (46: früheres Gespräch mit Frieda)
- → und ein ebenfalls (auf den Vormittag) rückgreifendes Briefzitat (46 f.: Verlobungsmitteilung an den Freund).

Zweiter (dialogischer) Großabschnitt (47–55)

Szenisches Erzählen mittels Dialog

Der Erzähler führt die anfangs eingeleitete Ereignis-Chronologie des Sonntagvormittages weiter. Erzähltechnisch kommen hauptsächlich die Figuren zu Wort. Es dominiert szenisches Erzählen mittels Dialog in Kongruenz von Erzählzeit und erzählter Zeit:

- → Einem zunächst auktorial klingenden Erzählerbericht als Übergangspassage (47 f.: Georgs Gang zum Vater)
- → folgen ein erster Vater-Sohn-Dialog (48 f.: Informierung des Vaters über den Brief),
- → je zwei längere Einzelreden (49 f.: Argwohn des Vaters, Fürsorge-Ideen Georgs),
- → ein zweiter Dialog mit längerer Rede Georgs (50: Gegenbehauptung des Vaters, Beglaubigungsversuche Georgs)
- → sowie ein dritter Dialog (51: Zu-Bett-Bringen des Vaters, bis: „... du bist gut zugedeckt.").

Monologischer Binnenabschnitt

Hier beginnt innerhalb der laufenden Vater-Sohn-Auseinandersetzung ein überwiegend monologischer Binnenabschnitt, in dem der Erzähler vorwiegend Rede und Handlungen des Vaters zeigt:

- → Aufstand des Vaters und Betrugsvorwurf (51 f.),
- → Herabwürdigung der Verlobung (52 f.),
- → Aufklärung über sein Falschspiel (53),
- → Kraftandrohung, Bündnis mit Mutter und Freund (53 f.),
- → Eröffnungen über den Freund, Erwartung dieses Tages (54),
- → Urteilsspruch (54 f.).

Die Schlusspassage des zweiten Großabschnitts und damit der Gesamterzählung bildet – ähnlich dem Beginn und der Überleitung – ein annähernd auktorialer Erzählerbericht über Georgs Vollzug des väterlichen Urteils: der Sprung von der Brücke (55).

Formal geschlossener Aufbau

Stoff und Erzählweise des *Urteils* erscheinen als formal geschlossener Aufbau mit zwei „umrahmten" Segmenten:

- → eine sich vom chronologisch erzählten Ereignis abhebende retrospektive, auf das Innere der Hauptfigur Georg abzielende Erzählerreflexion (A)

- → und eine szenisch erzählte Vater-Sohn-Auseinandersetzung (B),
- → beide Teile jeweils umrahmt von einem einführenden (R_1), überleitenden (R_2) und abschließenden (R_3), annähernd auktorialen Erzählerbericht.

GLIEDERUNG VON KAFKAS *DAS URTEIL*

R_1	**Bericht**	Georg am Schreibtisch	chronologisch
A	**Reflexion**	Die letzten drei Jahre	achronisch
R_2	**Bericht**	Georgs Gang zum Vater	chronologisch
B	**Szene**	Streit zwischen Vater und Georg	chronologisch
R_3	**Bericht**	Georgs Selbsttötung	chronologisch

Strukturen der Gesamthandlung

Logik des Geschehens

Die Logik des Geschehens in *Das Urteil* ist **chronologisch, kausal** und **gegensätzlich**. Inhaltlich beziehen sich die beiden großen Abschnitte des *Urteils* **chronologisch** aufeinander (nach den früheren Ereignissen der letzten drei Jahre folgt jetzt der Vater-Sohn-Streit). Daneben stehen sie in **ursächlichem Verhältnis** (weil sich die letzten drei Jahre für Georg vorteilhaft auf Kosten des Vaters entwickelt haben, streitet der Vater nun mit dem Sohn) und auch in einem der **Gegensätzlichkeit** (Georgs aufgebaute Vorstellungen und Pläne werden entweder als Selbsttäuschung entlarvt oder zerschlagen).

Klassische Dramenstruktur

Außerdem lassen sich augenscheinlich **Merkmale des Dramatischen** nachweisen: Der reflexive erste Großabschnitt übernimmt die klassischen Aufgaben einer **Exposition**, klärt über allgemeine Hintergründe und die situativen Umstände der Hauptfigur auf (Anzeige der Verlobung per Brief an einen entfernten, scheinbar seelisch labilen Jugendfreund) und legt mit den Familienverhältnissen die Grundlage des **Konflikts** (Verdrängung des Vaters). Der Kern dramatischer Handlung liegt in dem zweiten (dialogischen) Großabschnitt. Hier kann der Leser eine **steigende Handlung** erfassen in Form der Annäherungen Georgs an den Vater und die beginnende Auseinandersetzung: Betreten des dunklen Zimmers, verlegene Mitteilung des Briefes, Rechtfertigung der Existenz des Freundes, das Zu-Bett-Bringen des Vaters. Eine Art erregendes Moment bildet die Verleugnung des Freundes durch den Vater. **Höhepunkt** und **Peripetie** sind der Aufstand des Vaters im Bett: Hatte Georg bis dahin noch scheinbar die Oberhand, übernimmt der Vater jetzt die Herrschaft der Situation und dominiert Georg in Form von Anfeindungen, Vorwürfen und Verspottungen. Die **Katastrophe** liegt in der Verhängung des Todesurteils und Georgs Selbsthinrichtung.

Negative Coming-of-Age-Geschichte

Hinsichtlich der **stofflichen Klassifikation** des *Urteils* kann man den Genre-Plot einer typischen Coming-of-Age-Geschichte erkennen, einer Erzählung über das Reif-Werden eines jungen Mannes – allerdings in einer negativen Variante: Die Reife führt zum Tod. Der Vater nennt den Aspekt der Reife explizit: „Wie lange hast du gezögert, ehe du reif geworden bist!" (54) Der Weg zur Reife führt für Georg über folgende bereits durchlaufene oder geplante Stationen: berufliche Selbstständigkeit (45: „Geschäft mit größerer Entschlossenheit angepackt"), Verlobung und geplante Heirat (46), geplante Gründung eines eigenen Hausstandes (51: „künftiger Haushalt"). *Das Urteil* lässt sich damit als negative Bildungsgeschichte beschreiben, denn Georg überwindet den eigenen Vater

Negative Bildungsgeschichte

als Haupthindernis zur Reife nicht, sondern er scheitert an dieser Aufgabe.

Analyse der Figuren und Handlungen

Georg Bendemann

Der Erzähler des *Urteils* präsentiert die Hauptfigur Georg Bendemann als einen im Kafkaschen Sinne typisierten Protagonisten: Georg ist **Sohn, Junggeselle und Kaufmann**. Er wohnt bei seinen Eltern und arbeitet im Geschäft des Vaters. Auch die grundlegenden Eigenschaften dieser Figur sind typisch für Heldenfiguren Kafkas (vgl. S. 133 dieser Erläuterung): Er ist gedankenverloren, reflektiert viel, ist ein nachdenklicher Mensch. Das Anfangsbild zeigt ihn in typischer Denkerpose, am Schreibtisch sitzend (43: „Ellbogen auf dem Schreibtisch gestützt"). Züge dieser **Verlorenheit** sind vor allem **Melancholie und Einsamkeit** (46: „Allein – weißt du, was das ist?"), auch Unsicherheit und **Orientierungslosigkeit** hinsichtlich der Rolle des Freundes (vgl. seine Reflexionen im Konjunktiv, die Unentschlossenheit gegenüber dem Brief, die umständliche Höflichkeit im Brief). Die Verlorenheit Georgs setzt sich im szenischen Teil gegenüber dem Vater fort (48: „ganz verloren") und spitzt sich in der Konfrontation dramatisch zu, in der Georg alles permanent vergisst und im Zimmer hin- und herläuft. Paradoxerweise scheint er ausgerechnet seine Selbsttötung in souveräner Orientierung zu vollziehen – eine Beobachtung, die als eine Art **Erlösung** gedeutet werden kann. Die Verlorenheit Georgs kann als Teil eines **umfassenden Unterworfen-Seins** unter seine Umwelt gesehen werden: Er scheut vor dem Freund zurück, erkennbar im Umgang mit dem Brief; er unterliegt der Dominanz seiner Verlobten Frieda, die ihn zur Einladung nötigt; letztendlich ist er den Angriffen des Vaters ausgeliefert. Dieses Unterworfen-Sein ist **existenziell** zu lesen, da Georg am Schluss der ganzen Welt gleichgültig sein will: Sein Tod soll nicht einmal von jemandem bemerkt werden (55: „Autoomnibus, der mit Leichtigkeit seinen Fall übertönen würde"). **Georgs Handlungsrolle** ist zunächst beschreibbar als die eines Helden, der eine Aufgabe erfüllen muss: Er muss die Mitteilung der Verlobung erfolgreich, d. h. mit Zustimmung des Vaters, durchführen. Die eigentliche Herausforderung ist offenbar, den Vater um Erlaubnis zu fragen, dies zeigt das Verhalten Georgs während der Mitteilung: Er will es dem Vater „eigentlich nur sagen" (48), lenkt aber zunächst ab, sucht Blickkontakt, rechtfertigt sich. Georg muss dabei als **Anti-Held** gesehen werden: Seine „Fehler" im dramatischen Sinne, die ihm im Weg stehen (melancholische, unterwürfige Verlorenheit), überwindet er nicht – er scheitert an ihnen.

Der Vater

Die Figur des Vaters ist vom Erzähler als **typisierte antagonistische Autoritätsfigur** gestaltet: Familienvater, verheiratet bzw. hier: verwitwet, Geschäftsführer. Er ist der Erzählweise nach zum Teil eine Vorstellung Georgs, eine Repräsentanz der Gefühle Georgs, zum Teil aber auch objektive Realität in seiner wörtlichen Rede. Seiner Redeweise nach handelt der Vater durchgehend als Gegner seines Sohnes; zunächst in einer Position lauernden Misstrauens (48: „Nach Petersburg?"), latent vorwurfsvoll (49: „Ich will nicht Dinge aufrühren"), offen widersprechend (50: „Du hast keinen Freund in Petersburg"), aber auch hinterlistig (51: „Bin ich jetzt gut zugedeckt?"). Nach dem Umschlag der Handlung radikalisieren sich die Vorwürfe, er verletzt seinen Sohn (52: „Er wäre ein Sohn nach meinem Herzen"), verhöhnt dessen Verlobte (52: „weil sie die Röcke gehoben hat"), stößt Drohungen aus (53: „Ich bin noch immer der viel Stärkere") und tötet seinen Sohn quasi mit seinem Urteilsspruch. Der Vater ist damit als eine **totalitäre, vernichtende Gegenmacht** inszeniert, die sich in **Georgs Wahrnehmung** konsequent verbildlicht: Der Vater erscheint sofort schon als vitaler „Riese" mit einem „schwere(n) Schlafrock", der ihn umflattert, der „breit sitzt“ (48); später radikalisiert er sich zum „Schreckbild“ für Georg (52). Zwischendurch irritiert der Erzähler dieses Vaterbild durch das **Motiv des Zu-Bett-Tragens** (51): Georg sieht den Vater hier wie ein Kleinkind an, eine subjektive Umkehrung der scheinbar objektiv gegebenen Rollenverteilung. Biografisch ließe sich an dieser Stelle ein Wunsch des Autors Kafka lesen, seinen eigenen Vater zu dominieren, zu überwinden (s. u.).

Der Petersburger Freund

Der Petersburger Freund ist eine rätselhafte, nur indirekt anwesende Nebenfigur. Durch die aufdeckenden Reden des Vaters erhält er einen Grad an objektiver Realität, er scheint also zu existieren. Dennoch sieht er in der ganzen Erzählung eher wie eine Vorstellung Georgs aus, vor allem erkennbar an dessen Vergegenwärtigung nach dem Umschlag der Handlung (52: „Der Petersburger Freund [...] ergriff ihn, wie noch nie“). In vielen Deutungsversuchen der Kafka-Forschung wird der Freund als **Doppelgänger und Projektion Georgs** angesehen: Er repräsentiert demnach ein zweites, weniger erfolgreiches, vereinsamtes Ich des Protagonisten. Es fällt auf, dass der Vater seine Zuneigung zum Freund bekundet bei gleichzeitig neidvoller Ablehnung von Georgs geschäftlichem Erfolg (52: „der Chef ist beschäftigt“) – offenbar zieht der Vater den schwächeren Konkurrenten vor.

Analyse des Erzählers und seiner Erzählweise

Perspektive: personal, aber eigenständig

Signale auktorialer Objektivität

Die Eingangspassage verdichtet zunächst zwar Textsignale auktorialer Objektivität, mit denen sich der **Erzähler als eigenständige Instanz** etabliert: „Olympisch“ distanziert und klassisch auktoriale Erzählformen (z. B. Märchen) beim Leser abrufend, beginnt er mit den Worten „Es war“, kommentiert Gegebenheiten („schönstes Frühjahr“), führt in Er-/Sie-Form den Protagonisten ein („Georg Bendemann, ein junger Kaufmann“) oder beschreibt einen kurzen Blick „entlang des Flusses". Vorgaben einer auktorialen Lesart von solcher Eindeutigkeit finden sich allenfalls noch im Schlusssatz („unendlicher Verkehr"). In Überleitung und Schlusspassage des Rahmenberichts (R_2, R_3) ist der auktoriale Gestus schwächer und wird eher eine Perspektivität Georgs angezeigt (47: „abwesendes Lächeln", 55: „Georg fühlte sich [...] gejagt").

An Georgs Innerlichkeit sich bindender, subjektiver Erzähler

Nach der vergleichsweise kurzen Eingangspassage dominieren bis zum Ende dann aber Textvorgaben einer personalen, subjektiven Lesart, die einen sich an die Innerlichkeit Georgs bindenden subjektiven Erzähler zeigen. Die reflexiven Passagen (Teil A) – insbesondere das Selbstgespräch über mögliche Ratschläge – bilden per se Subjektivität ab, in ihnen stammen alle Kenntnisse des Erzählers nur aus Erfahrungen Georgs oder werden lediglich vermutet (43: „Wie er erzählte", 47: „irgendeine Augenschwäche"). Sprachlich signalisiert der Erzähler hier oft Unsicherheit (45: „wohl", „vielleicht", „wirklich"). Die szenischen Passagen (Teil B) bietet der Erzähler mit Georg als Wahrnehmungszentrum dar, der Leser erfährt hier nur, was auch Georg erlebt: Georg „hört" die direkte Rede, registriert Handlungen des Vaters, erfährt seine eigenen Gefühle und Gedanken und erschließt sich Gefühle des Vaters aus Beobachtungen. Zu inneren Vorgängen des Vaters verschafft der Erzähler dem Leser keinen direkten, an Georgs Bewusstsein vorbeiführenden Zugang.

Schein-Auktorialität

Setzt man eine in sich entschiedene, kohärente Erzählerstimme voraus, verlangt die Erzählung als Ganzes eine subjektive Lesart, mit der die Rahmenberichte zu lediglich „schein-auktorialen" Abschnitten werden. Tatsächlich spricht auch hier ein **personaler, aber eigenständig wahrnehmender Erzähler**: Dieser löst sich gelegentlich zwar von Georgs Wahrnehmungsbereich, führt aber Georgs Sichtweisen weiter. Er beobachtet eigenständig, wertet jedoch nicht eigenständig. Er wendet sich in seiner Haltung niemals gegen Georg, sondern unterstützt ihn auch dann, wenn er Dinge außerhalb von Georgs Gesichtskreis registriert. Es handelt sich um **rein sensuelle, keine urteilende Eigenständigkeit.**[15] Das gesamte Geschehen steht durchweg im subjektiven Sinne Georgs, als dessen „Spiegelung der Welt im Geist"[16]. Dafür spricht auch die Tendenz zum Personalen in den Rahmenberichten R_2 und R_3. Bemerkt der Erzähler also anfangs das „schönste Frühjahr" oder verweist am Ende auf den „unendlichen Verkehr", so „fühlt" Georg anfangs diese „Schönheit" und sähe post mortem den zuvor gehegten Wunsch nach Übertönung seines Brückensprungs erfüllt (vgl. 55: „seinen Fall übertönen").

Subjektivität und ihre Grenzen

In Folge der Erzählperspektive sind die Inhalte der Erzählung (Geschehnisse, Figuren) für den Leser in zwei unterschiedlichen Weisen existent, nämlich mittelbar und unmittelbar:

Mittelbare Darbietung

Überwiegend lässt der Erzähler sie nur **mittelbar**, über sein personales Erzählen und damit gefiltert durch Georgs Bewusstsein gegenwärtig werden. Er zeigt sie also als bereits **geistig verarbeitete Abbilder**, als subjektive Repräsentationen Georgs. Dies betrifft auch Georgs Beobachtungen des Vaters im szenischen Teil, die zwar stellenweise sehr nüchtern klingen, aber dennoch bewusst ausgewählt sind – der Leser darf hier keine Vollständig keit erwarten. Auch Georg selbst existiert für den Leser überwiegend im personalen Erzählton, also über die in leichtem Abstand sprechende Erzählstimme, somit ist Georg selbst als seine eigene Vorstellung dargestellt. Verschließt er beispielsweise zu Beginn

---

15 Diese Eigenständigkeit erweitert sich in anderen Erzählungen Kafkas: In der *Verwandlung* z. B. wendet sich der Erzähler gelegentlich urteilend gegen seine Perspektivfigur Gregor.

16 Monika Ritzer in: Engel/Auerochs, S. 155; in der Forschung wird dieses Erzählverhalten auch als „einsinniges Erzählen" diskutiert.

den Brief „in spielerischer Langsamkeit“ und sieht aus dem Fenster, „den Ellenbogen auf den Schreibtisch gestützt“ (alle 43), verbildlicht der Erzähler so den in Gedanken versunkenen Zustand Georgs, dessen sehnsüchtige Nachdenklichkeit.

Unmittelbare Darbietung

Daneben lässt der Erzähler aber auch eine **unvermittelte Präsentation objektiver Inhalte** zu, ohne Einmischung, ohne Distanzierung: Zum einen betrifft dies die erlebte Rede, in der Georg mögliche Ratschläge an seinen Freund durchdenkt (43 f.). Hier schaut der Leser nahezu direkt in die Gedanken Georgs, angezeigt durch den Pronomenwechsel zum „man“. Daher hat diese Gedankenschilderung eher eine unmittelbare Präsenz, der Leser steht den Gedanken Georgs hier als objektivem Phänomen gegenüber. In das Feld der Unmittelbarkeit ist auch die gesamte **Figurenrede** einzuordnen: Durch wörtliche Äußerungen führt der Erzähler die Figuren unmittelbar vor, stellt sie als **eigenständige, außersubjektive Phänomene** vor den Leser hin, womit sie unverfälscht greifbar werden und objektive Präsenz erhalten. Vor allem der Vater und auch Georg selbst sind im szenischen Teil auf diese Weise präsent. (Friedas Äußerungen sind nicht ganz unproblematisch hier einzuordnen, da sie zum einen vom Erzähler erinnernd repräsentiert, zum anderen formal als wörtliche Rede und damit in ihrer Präsenz hervorgehoben werden.)

Mehrere Erzählebenen

Die bisherigen Feststellungen führen in der scheinbar allumfassend „einsinnigen Welt“ des *Urteils* zur Annahme mehrerer „Welten“ oder Erzählebenen: Die wörtlichen Äußerungen Georgs und seines Vaters im bewusst szenisch gestalteten, bühnenreifen Teil B unterliegen nicht der personalen Gestaltungstendenz des Erzählers. Sie sind unvermittelt gegenwärtig, existieren quasi am gestalterischen Einfluss Georgs bzw. des Erzählers „vorbei“ und können daher

- → neben der personal erzählten „Geisteswelt" Georgs (Welt 1_{Georg})
- → und der leicht verschobenen, etwas distanzierten Ebene des Erzählers (Welt $2_{\text{Georg / Erzähler}}$)
- → als Stimmen aus einer weiteren außersubjektiven Welt (Welt $3_{\text{Außen}}$) angesehen werden.

Die **objektive Präsenz der direkten Figurenrede** führt dazu, dass Inhalte der Dialoge zum bestätigenden oder entlarvenden Korrektiv der zuvor personal erzählten Reflexionen Georgs werden können: So bestätigt der Vater z. B. grundsätzlich seine zuvor von Georg erinnerte Gebrechlichkeit (49: „Ich bin nicht mehr kräftig …"), er widerlegt aber z. B. Georgs Annahme, der Jugendfreund wisse nichts von der Verlobung.

DER ERZÄHLER IN KAFKAS *URTEIL*

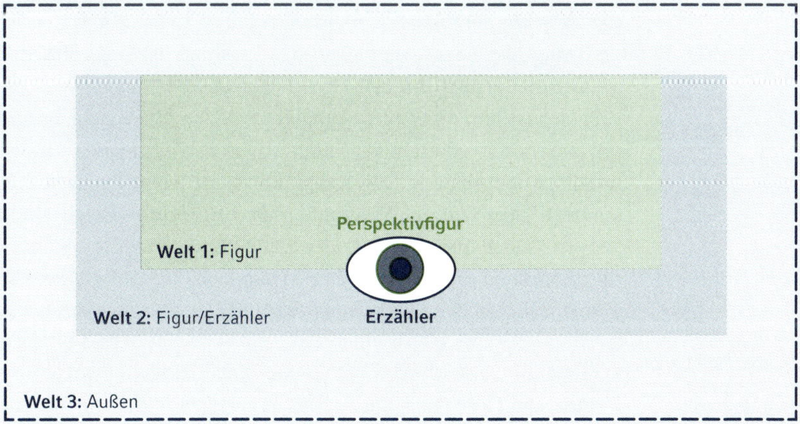

Wirkungen auf den Leser: Unzuverlässigkeit, Ausgeliefert-Sein und Verdacht

Unzuverlässiger Erzähler

Wie gesehen, **„verführt" der Erzähler den Leser auktorial** und gibt ihm schein-objektive Tatsachen vor: souveräne Handhabung des Geschehens (trotz späterer Überraschungen), Distanz zu Georg (trotz „einsinnigen Erzählens"), die Stimmung eines „schönsten Frühjahres" (trotz eines Todestages). Diese Schein-Objektivität wird durch einen **sachlich-emotionslosen, präzisen Sprachstil** verstärkt. Der Erzähler muss vom Leser daher als unzuverlässiger Erzähler angesehen werden. Diese Unzuverlässigkeit ist noch in einer zweiten Richtung ausgeprägt, einer **vermeintlichen Vernünftigkeit** der geschilderten Vorgänge: Der Erzähler berichtet Zusammenhänge scheinbar nachvollziehbar, Georg denkt an Zwecke, Kosten und Nutzen, Wahrscheinlichkeiten, Rücksichtnahmen, „vernünftige" Vorschläge usw. Diese formalen, sprachlichen Signale von Rationalität versetzen den Leser in die Erwartung grundlegend sinnvoller, logischer Erklärbarkeit – eine Voraussetzung, die mehrfach und parallel dazu gebrochen wird, zuletzt mit der Selbsttötung Georgs.

Überraschter Erzähler

Grund der Unzuverlässigkeit des Erzählers ist seine **machtlose Vermittlerposition** zwischen Leser und fiktionaler Welt: Der Erzähler ist von den Entwicklungen genauso überrascht wie Georg. Der Leser erfährt in der Stimme des Erzählers keine objektive, unabhängige, dauerhaft-wirkliche Einzelheit einer äußeren Welt, sondern „nur" deren Widerspiegelung in Georgs Bewusstsein. Dies kann sich durch innere oder äußere Anstöße jederzeit ändern und mit ihnen die vermeintliche Wirklichkeit: So verwandelt sich z. B. die angebliche Einsamkeit des Freundes und Unkenntnis über Georgs Verhältnisse in einen Pakt mit dem Vater und ein „tausendmal besser(es)" Wissen (54). Der Erzähler ist den subjektiven Eindrücken Georgs bis hin zu dessen verzerrten Wahrnehmungen grundsätzlich ausgeliefert und gibt dieses Ausgeliefert-Sein ohne

Ausgelieferter Erzähler und Leser

eigenen Kommentar an den Leser weiter. Dies heißt aber auch, dass der Erzähler stellenweise im **Verdacht der Einbildung** steht. Textsignale hierfür sind z. B. groteske Bilder wie der kleinkindhaft mit der Uhrenkette spielende Vater auf Georgs Arm (51), der zuvor noch als „Riese" (48) erschienen ist. Der Erzähler, der diese seltsame Beobachtung leicht erklären und entlarven könnte, ist zu keinem Kommentar fähig.

Ästhetisch geformte Sprache

Sprache im Dienst des Erzählers

Der wie schon erwähnt **sachlich-emotionslosen, präzisen Sprache** des Erzählers muss unterstellt werden, dass sie ästhetisch bewusst geformt ist und die **Funktion** hat, die Inhalte **zu kommentieren, zu stützen oder zu konterkarieren**, sie trifft damit eigene Aussagen. Ein Beispiel dafür ist der Bericht der Flucht Georgs aus dem Haus in Ellipsen und Inversionen: „Aus dem Tor sprang er, über die Fahrbahn zum Wasser trieb es ihn" (55). Das „Treiben" Georgs unterstützt der Erzähler hier durch Zurückstellung des Subjekts. So klingt es, als wenn die Adverbiale bzw. Objekte Georg vor sich her treiben würden.

Deutungsansatz: biografisch

Schöpferstolz

Kafka hat sich stark mit dieser Erzählung identifiziert. Dieser identifikatorische Bezug zeigt sich darin, dass Kafka *Das Urteil* stets positiv gewertet hat, während er sonst sehr selbstkritisch mit seinen Werken umging. Er las den Text häufig vor, offensichtlich mit Schöpferstolz, verfolgte 1916 eine Einzelveröffentlichung, damit sich die Erzählung „auswirken" könne, denn sie sei seine „liebste Arbeit"[17], wie er seinem Verlag schrieb. Die Entstehung von *Das Urteil* war für Kafka zeitlebens ein Beispiel für gelingen-

---

17 Kafka, *Briefe 1902–1924*, S. 149 (Brief an den Kurt Wolff Verlag v. 19. August 1916).

des Schreiben (Schreiben mit „solcher vollständigen Öffnung des Leibes und der Seele“, vgl. S. 20 dieser Erläuterung).

Hermann Kafka

Des Weiteren bestehen Ähnlichkeiten zwischen dem Vater-Sohn-Verhältnis in der Erzählung und dem zwischen Franz und Hermann Kafka. Diese **lebensgeschichtlichen Parallelen** sind z. B. in dem Gefühl deprimierender, demütigender Unterlegenheit zu sehen, das Kafka später in seinem berühmt gewordenen *Brief an den Vater* (1919) ausbreitete. Seine (allesamt gescheiterten) Heiratsversuche galten ihm und auch der Forschung als Befreiungsversuche von väterlicher Autorität. Dennoch hat Kafka seinen Vater in einer Art Hassliebe auch bewundert. Hermann Kafka selbst war ein tüchtiger Kaufmann, strebsam, besorgt um das Wohl seiner Kinder, aber auch ein Egoist und Tyrann, der seine Angestellten schlecht behandelte und von dem sich der Sohn nie verstanden fühlte.

Inszenierung des Gefühls der eigenen Zerstörtheit

Als ein Handlungsmuster des *Urteils* kann der zerstörerische **„Einbruch“ von Objektivität** einer scheinbar höheren Instanz (Vater) in die persönliche, abgeschlossene Vorstellungswelt einer Figur (Georg) verallgemeinert werden. Der Vater zerschlägt gleichsam die Bilder, Vorstellungen und Pläne des Sohnes, formalästhetisch gestützt durch die auf Objektivität zielende wörtliche Rede. Der Vater treibt den Sohn in den Tod, und so erfolgt dessen **gänzliche, existenzielle Zerstörung**, geistig und körperlich. Auf Kafka übertragen heißt das, der Autor inszeniert hier sein eigenes Gefühl einer Zerstörtheit im Rahmen seiner Familie, insbesondere durch das Wirken seines Vaters. Lebensgeschichtliche Parallelen unterstützen dieses Gefühlsszenario: So zwang Hermann Kafka seinen Sohn in ungeliebte geschäftliche Aktivitäten, die für ständigen Streit sorgten, auch mischte er sich in private Pläne ein (vgl. S. 9 und 11 dieser Erläuterung).

Kafkas Schaffensphase 1914

Arbeit am *Process*-Roman

Die intensive Schaffensphase ab August 1914 nach der Lösung der ersten Verlobung mit Felice Bauer und dem Ausbruch des Ersten Weltkriegs ist gekennzeichnet durch Kafkas Arbeit am Roman *Der Process*. Kafka wohnte in dieser Zeit nicht in der elterlichen Wohnung, sondern ab 5. August in der Wohnung seiner Schwester Valli in der Bilekgasse 10, ab Anfang September (bis 9. Februar 1915) in der Wohnung seiner Schwester Elli in der Nerudagasse 48. Erzählungen schrieb er in dieser Zeit vor allem in den krisenhaften Pausen seines Romanprojekts. In diese Zeit fällt die Entstehung der *Strafkolonie* im Oktober 1914, ihr Erstdruck erfolgte 1919 in der Reihe der „Drugulin-Drucke" des Kurt Wolff-Verlages. Zeitnah, nämlich zwischen Oktober und Dezember 1914, entstand auch das zum *Process*-Material gehörende Kurzprosastück *Vor dem Gesetz (Türhüterparabel)*, sein Erstdruck erfolgte 1915 in der jüdischen Zeitschrift *Selbstwehr*.

2.2 *In der Strafkolonie* (1914)

Inhaltsangabe

Offizier und Reisender

Vor Beginn einer Hinrichtung inspiziert der Offizier (O.) einer Strafkolonie auf einer fernen Tropeninsel hingebungsvoll die enorm große, am Ort traditionell gebräuchliche Exekutionsapparatur. Anwesend ist auch ein zunächst wenig interessierter europäischer Reisender (R.), der vom Kommandanten der Strafkolonie zur Teilnahme eingeladen worden ist. Beide, der O. und der R., stehen im sonnigen Freien eines sandigen, öden Tals, zusammen mit dem geistesschwachen Verurteilten, der sich vergeblich bemüht, zuzuhören, und einem schläfrigen Soldaten, der den Gefangenen an Ketten hält. Der O. erklärt dem R. auf Französisch stolz und umständlich das komplizierte dreiteilige Foltergerät, eine Erfindung des früheren, vom O. sehr verehrten Kommandanten der Insel: Ein mit Watte, Filzstumpf für den Mund und Riemen zum Festschnallen ausgestattetes „Bett“ für den nackt aufzulegenden Verurteilten bildet den unteren Teil, der elektrisch betrieben zum Zittern gebracht wird. Der mittlere, mit Nadeln bestückte Teil, die „Egge“, führt das Urteil aus, indem dem Verurteilten das übertretene Gebot auf seinen Körper graviert wird. Die Egge ist dabei nach den Zeichnungen bestimmter Blätter programmiert, die der O. verwahrt. Die aktuelle Inschrift werde lauten: „Ehre deinen Vorgesetzten!“

Komplizierte Foltermaschine

Die „Egge“

Mittlerweile interessiert fragt der R. den O. aus und wundert sich über die nun vom O. ganz beiläufig verteidigte Rechtspraxis der Kolonie: Die Urteilsarten, so der O., folgen noch immer den Vorgaben des alten Kommandanten, der Richter, Konstrukteur und Zeichner der Urteilsprogramme in einer Person gewesen ist. Der Verurteilte ist dabei gänzlich ahnungslos, erklärt der O., er kennt weder seine Verurteilung noch sein Urteil und hat sich auch nicht

Ahnungsloser Verurteilter

verteidigen können. Das Richteramt übt gegenwärtig der O. aus, die Schuld ist für ihn immer zweifellos; Gerichte gibt es nicht. Die aktuelle Verurteilung erläutert der O. als Fall von Ungehorsam und Beleidigung, denn in der Nacht zuvor habe der Verurteilte während seiner Wache nicht wie befohlen stündlich salutiert, sondern, vom Vorgesetzten schlafend entdeckt, diesen sogar bedroht. Der R. bleibt skeptisch, während der O. mit der Erklärung der Egge fortfährt: Aus Glas gefertigt zur besseren Anschauung, ritzen Nadeln, angeordnet in Form des menschlichen Körpers, die Urteilsinschrift in die Haut, gleichzeitig waschen Wasserspritzer das Blut ab. Während dieser Erklärungen nähert sich der Verurteilte der Maschine, um mithören zu können, doch der Soldat reißt ihn zurück.

Der „Zeichner"

Der O. erklärt dem R. nun den dritten, oberen Teil des Apparates, den „Zeichner", dessen Räderwerk die jeweils nötige Urteilszeichnung einliest und die Egge zwölf Stunden lang das Urteil so behutsam über den ganzen Körper einritzen lässt, dass der Verurteilte erst am Ende stirbt. Der O. holt die Zeichnungen hervor und verlangt vom R., sie zu lesen, doch dieser versteht die labyrinthischen Linien nicht. Während eines Probelaufs der Maschine fällt ein kreischendes Zahnrad auf. Der O. lobt ehrfürchtig die sukzessive tiefer in die Haut gehende Folterprozedur, die es dem Verurteilten in der sechsten Stunde endlich ermögliche, mit seinen Wunden das Gebot zu lesen und so Erlösung zu finden. Schließlich spieße ihn die Maschine auf und werfe ihn in eine Grube. Nun legen Soldat und O. den Verurteilten unter die Egge, ein Riemen reißt, und der O. schimpft über die schlechte Instandhaltung. In Gedanken verurteilt der R. das Verfahren, wägt seinen Widerspruch ab, als der Verurteilte wegen des verdreckten Filzstumpfes erbricht und der Soldat die Maschine zu reinigen beginnt. Der O. beklagt erneut dem R. gegenüber, diesmal im Vertrauen und

Ein kreischendes Zahnrad

Die Klage des Offiziers

ausführlich, die Zustände unter dem neuen Kommandanten, den offenen Meinungsumschwung und die heimliche Agitation gegen dieses Gerichtsverfahren. Früher seien Hunderte hochrangiger Besucher und besonders Kinder Zeugen der glänzenden Exekutionen und wahrer Gerechtigkeit gewesen. Der O., der vom schweigenden R. Unterstützung und Einsicht erwartet, deckt seinem Gegenüber nun auf, welche Rolle dessen Einladung im Kalkül des neuen Kommandanten dabei spiele, das alte Gerichtsverfahren endlich abzuschaffen: Vom R. als befangenem Europäer erhoffe sich der Kommandant expliziten Widerspruch gegen solche Exekutionen, deren Einstellung er daraufhin anordnen werde – so der Verdacht des O.s, der damit das Erbe des alten Kommandanten verloren sieht. Der R., dem der O. unterstellt, er bewundere die Maschine und achte das Verfahren, wehrt aber diese Erwartungen ab. Der O. erbittet nun emphatisch die Hilfe des R. bei seinem Plan, während einer groß inszenierten Verwaltungskonferenz des nächsten Tages den neuen Kommandanten zur Anerkennung des alten Gerichtsverfahrens zu zwingen. Der R. solle, entweder lauthals lärmend oder bedeckt flüsternd, seine wahrhaftige Überzeugung und Zustimmung kundtun. Der R. verneint dies jedoch deutlich, gibt sich als Gegner des Verfahrens zu erkennen, kündigt eine vertrauliche Unterredung mit dem Kommandanten an, nach der er abreisen werde. Der O. lächelt geistesabwesend, erklärt, dass es Zeit sei, und gibt den Gefangenen frei. Er zieht eine neue Urteilszeichnung hervor, die der R. wiederum nicht lesen kann, so dass der O. das Gebot zitiert: „Sei gerecht!" Er legt es in den Zeichner, beobachtet vom sonnengeblendeten R. Soldat und Verurteilter spielen miteinander, während der O. sich die Hände wäscht, sich sorgfältig entkleidet und zuletzt Uniform und Degen wegwirft. Der R. hindert ihn nicht, hält sein Vorhaben für richtig, der Verurteilte merkt auf und lächelt fortan über die Umkehrung der Verhältnisse. Die

Die zugedachte Rolle des Reisenden

Der Reisende outet sich als Gegner

„Sei gerecht!"

Maschine nimmt den O. fügsam und selbstständig auf und startet, nachdem Verurteilter und Soldat ihn festschnallen, von selbst. Sie arbeitet zunächst in stillem Fortgang, unter großem Interesse des Verurteilten, verliert dann aber sukzessive alle ihre Zahnräder, sticht nur noch statt zu schreiben und schwenkt den aufgespießten O. über die Grube. Der R. drängt vergeblich auf Rettung, sieht dabei im unverändert überzeugten Gesichtsausdruck des toten O. kein Anzeichen der versprochenen Erlösung, aber einen großen Stachel aus der Stirn ragend.

Das Ende des Offiziers

Nach den Vorfällen besucht der R. mit dem Soldaten und Verurteilten das Grab des alten Kommandanten in einem heruntergekommenen, verrauchten Teehaus, das ihn an vergangene mächtige Zeiten erinnert. Bärtige, „zerschlissene" Hafenarbeiter zeigen ihm den verborgenen Grabstein, auf dem er die Prophezeiung der Wiederauferstehung des alten Kommandanten liest, der mit seinen Anhängern die Kolonie zurückerobern werde. Der R. flüchtet unauffällig und wehrt auf seinem Boot zuletzt noch den Soldaten und den Verurteilten ab, die mitkommen wollen.

Das Grab des alten Kommandanten

Aufbau

Ein personaler, aber eigenständiger **Erzähler** berichtet die Geschehnisse weitgehend aus dem Blickwinkel der Figur des Reisenden und folgt dessen Rolle als registrierender und gelegentlich interpretierender, kommentierender Beobachter von außen. Ein kurzer Wechsel der Innensicht hinein in den eingeschränkten Verständnishorizont der Figur des Verurteilten scheint an der Stelle der Selbstexekution des Offiziers vorzuliegen (175: „Das war also Rache."). Die **Erzählweise** ist bestimmt durch einen chronologischen Ereignisbericht im typischen Erzähltempus des Präteritums mit hohem Anteil an Figurenrede (insb. mehreren langen Monologen des Offiziers), zahlreichen Beschreibungen und gelegentli-

Aus Sicht des Reisenden

chen Reflexionen des Reisenden. Eine **Gliederung** des dargebotenen Geschehens ist in drei Teilen möglich:

Vorbereitung der Exekution

Ein **erster Großabschnitt** thematisiert die Vorbereitung der Exekution bis zur Unterbrechung durch den Verurteilten:
→ letzte Handgriffe an der Maschine (149 f.),
→ Beschreibung der drei Teile des Apparates (150–153),
→ Diskussion über das Gerichtsverfahren (153–156),
→ genauere Erklärung der Egge und des Zeichners (156–159),
→ Probelauf und Erklärung der Folterprozedur (159 f.),
→ Anschnallen und Erbrechen des Verurteilten (160–163).

Der Plan des Offiziers

Der **zweite, eher monologische Großabschnitt** behandelt den Plan des Offiziers bis zur Ablehnung durch den Reisenden:
→ Klage über frühere Zeiten (163–165),
→ Vorausahnung der Pläne des neuen Kommandanten (165–167),
→ eigener Plan und Zurückweisung durch den Reisenden (167–171).

Selbstexekution des Offiziers und Abreise

Zuletzt schildert der **dritte, ereignisreichere Großabschnitt** die Selbstexekution des Offiziers und die Abreise des Reisenden:
→ Befreiung des Verurteilten (172),
→ Selbstverurteilung, Entkleidung und Anschnallen des Offiziers (172–176),
→ Arbeit der Maschine, Fehlfunktion und Tötung des Offiziers (176–178),
→ Grabbesichtigung im Teehaus und Flucht des Reisenden (178–180).

Aspekte einer Analyse

Eigenarten des Erzählers und seiner Erzählweise

Restunsicherheit des Beobachters

Der Erzähler berichtet im Stil eines distanzierten, interpretierenden Beobachters und stellt in der Regel nur gesicherte Tatsachen fest, wenn diese auch direkt sichtbar sind. Darüber hinaus drückt er aber keine souveränen, unwidersprochenen Aussagesätze aus, sondern belässt eine Restunsicherheit, die durch das Schlussfolgern aus äußeren Wahrnehmungen verbleiben muss. Darin spiegeln sich der Betrachterblick und die Gedanken des Reisenden. So ist der anfängliche Blick des Offiziers „gewissermaßen" (149) bewundernd, die Maschine ihm „doch" (149) wohlbekannt. Durch zahlreiche Adverbien (z. B. „wohl", „wenigstens", „fast", „eigentlich", „allerdings") und konjunktivische Formulierungen (z. B. die Interpretation der eigenhändigen Arbeit des Offiziers an der Maschine, die „man eigentlich einem Maschinisten hätte überlassen können" [149]) signalisiert der Erzähler diese interpretierende Unsicherheit. Daher handelt es sich auch nicht um eine objektive, auktorial bestimmte Perspektive, sondern um einen subjektiv eingeschränkten Horizont des Erzählers. Am ehesten scheint dieser an die Innerlichkeit des Reisenden gebunden zu sein, da der Reisende permanent passiv beobachtet, der Offizier nur äußerlich geschildert wird (vgl. z. B. dessen Ermattung bei „weit offenem Mund" [150]) und Reflexionen nur als Bewusstsein des Reisenden gestaltet sind (vgl. dessen Gedanken zum Gerichtsverfahren mit „gerunzelter Stirn" [156]).

Subjektiv eingeschränkter Horizont des Erzählers

Dennoch kommt ein **Bruch dieser Erzählweise** vor, wenn der Erzähler zur Innensicht des Verurteilten wechselt:

> „Besonders der Verurteilte schien von der Ahnung irgendeines großen Umschwungs getroffen zu sein. Was ihm geschehen war, geschah nun dem Offizier. Vielleicht würde es so bis zum Äußersten gehen. Wahrscheinlich hatte der fremde Reisende den Befehl dazu gegeben. Das war also Rache. Ohne selbst bis zum Ende gelitten zu haben, wurde er doch bis zum Ende gerächt." (175)

Unsichere perspektivische Bindung an den Reisenden

Die perspektivische Bindung an den Reisenden ist also nicht sicher, der Reisende ist nur begrenzt eine sichere Identifikationsfigur als Ausgangspunkt der Lektüre. Auch fehlen stellenweise die Signale des interpretierenden Beobachtens, so dass doch gesicherte auktoriale Aussagen aufscheinen und andere Figuren innerlich zugänglich erscheinen: So bemerkt „der Offizier die frühere Gleichgültigkeit des Reisenden kaum" (153), „erkannte" eine „Gefahr" (155) usw. Die gebrochene Perspektive und quasi verschachtelte Verunsicherung auf mehreren Ebenen befördert ein **generelles Unsicherheitsgefühl beim Lesen**. Ist dies kein Zufall oder schlicht Ausdruck stilistischer Schwäche, muss unterstellt werden, dass hier eine besondere eigenständige Sinngestaltung des Erzählers vorliegt.

Strukturen der Gesamthandlung

Sprechhandeln

Beim Blick auf die Gesamthandlung fällt zunächst auf, dass verhältnismäßig viel geredet wird und weniger getan; ein weitgehendes Sprechhandeln bestimmt die Erzählung. Die zwei Hauptfiguren scheinen die Handlung lediglich zu begleiten, zu kommentieren: Der Offizier beschreibt, plant, schimpft, pflegt die Maschine und wird erst gegen Ende tätig im Sinne physischer Handlungen. Der Reisende, sinnbildlich hin- und hergehend oder im Korbsessel sitzend, beobachtet passiv, zeigt sich verhalten erstaunt und wird erst gegen Ende tätig (177 f.: Ablösen des Leichnams des Offiziers von den Stacheln). Daher mutet es logisch an, dass neben den personalen Figuren der *Strafkolonie* vor allem der „Apparat" der maßgebliche Impulsgeber der Handlung ist – sowohl der Sprechhandlungen (als Thema) wie auch der physischen Handlungen, in der Rolle einer „Quasi-Figur" (dazu unten mehr). Es ist daraus folgend von analytischem Wert, eine **handlungsleitende Funktion der Exekutionsmaschine** nachzuvollziehen, die mit Begriffen der

Apparat als Impulsgeber der Handlung

Dramenanalyse darzustellen ist:

→ Die **steigende Handlung** bildet die lange Beschreibung der Maschine und der Folterprozedur. Der Offizier erweist sich hier als ihr „Agent", wenn er sie immer wieder in den Mittelpunkt stellt (vgl. 155: die Verzögerungen durch die Fragen des Reisenden).

→ Der erste wirkliche Anwendungsversuch ist ein **erster Höhepunkt** bis zum ersten, „menschlichen" Störungsfall durch den Verurteilten. Während der folgenden langen Monologe des Offiziers wird die Maschine gesäubert und ist nur indirekt Gesprächsthema – Antriebe steigender Handlungsspannung liegen nun in den Äußerungen des Offiziers, insbesondere in seinem Plan zur Rettung der Maschine und des mit ihr assoziierten Gerichtsverfahrens.

→ Alles läuft auf die Zustimmung des Reisenden zum Rettungsplan hinaus; seine Weigerung bildet daher den **zweiten Höhepunkt** und leitet die **Peripetie** ein: Der Offizier resigniert, bereitet nun die zweite Anwendung der Maschine vor, doch die **fallende Handlung** wird kurz aufgehalten in einer Art **retardierendem Moment**, als der Offizier die Kurbel zum Anschalten der Maschine nicht erreichen kann (176).

→ Doch der „Apparat" verselbstständigt sich nun in der **Katastrophe** und wechselt durch seine endgültige Fehlfunktion die Tötungsart: Er ersticht den Offizier in kurzem Prozess. Am Ende steht eine scheinbare Fehlfunktion, aber nicht die Zerstörung der Maschine – der „Apparat" existiert fort, aber sein Agent ist tot.

Der „Apparat" als Quasi-Figur

Die Folter- und Exekutionsmaschine

Zunächst ist in der *Strafkolonie* der **„Apparat" als funktionales, schreckliches Ding** dargestellt. Er erscheint übergroß, ist „tief in die Erde eingebaut" (149), ein „großer Aufbau", an dem der

Reisende mehrere Meter „in die Höhe sah" (152). Des Weiteren wird der Apparat als Maschine in materieller Komplexität und differenzierter Bauweise vorgestellt, beides vermittelt den Anschein funktionaler Rationalität: Er besteht aus drei Teilen,

→ erstens aus dem aufwändig mit Watte, Filz und Riemen ausgestatteten, einer „Truhe" gleichen Holzbett (152),
→ zweitens aus der „Egge", kompliziert und langwierig hergestellt aus Metall, gläsernen Nadeln und einer Anlage zum Wasserspritzen, an Seilen hängend (156),
→ und drittens aus dem „Zeichner", einem diffizilen Räderwerk mit Einlesefunktion des Blattes, auf dem das Urteil ornamental geschrieben steht (158).

Ziel: maximale Schmerzhaftigkeit

Stolz-nüchterne Sprache als Kontrast

Die Inhalte der Beschreibungen übermitteln an sich schon, dass die Konstruktion auf äußerste Schmerzhaftigkeit hin ausgerichtet ist. Der „möglichst anschaulich(e)" (157) **Beschreibungsstil des Offiziers** allerdings ignoriert und kontrastiert die in provokativ unmissverständlicher Klarheit vorliegenden Grausamkeiten mit seiner dem Verurteilten gegenüber nüchtern-kaltblütigen, der Maschine gegenüber stolzen, begeisterten Wortwahl – so verstärkt die Sprache der Beschreibung noch den Eindruck des Schrecklichen. Belege dafür sind beispielsweise der leicht zu regulierende „kleine Filzstumpf", der das Opfer „am Schreien und am Zerbeißen der Zunge" (152) hindern soll; die Angabe, der „einzige Fehler" des Apparates sei, „dass er so sehr beschmutzt wird" (156 f.); die Bezeichnung der Folter als „Spiel" und der Stolz über die Bewältigung der „technische(n) Schwierigkeiten" (157) beim Bau der gläsernen Egge; letztlich die Folterprozedur, während der die Blutung der „wundbeschriebenen Stellen" gestillt, die „Watte" von den Wunden mit den „Zacken am Rande der Egge" gerissen werde, die Egge „wieder Arbeit" hat (159) und der Verurteilte, der „nur Schmerzen" erleidet, nach zwei Stunden „keine Kraft zum Schreien" mehr hat (160).

Auch erscheint der „Apparat" als überhöhtes und archaisches Artefakt. So wird seine Arbeit als „Vollendung" verklärt (150, 160); der Offizier „kniet gewöhnlich" zur sechsten Stunde vor der Maschine und beobachtet die scheinbar auratische „Erscheinung" des Verurteilten, dem endlich der „Verstand" aufgeht: „um die Augen beginnt es" und „verbreitet sich" (160). Hier schildert der Offizier den Vorgang in religiösen Begrifflichkeiten, der Prozess der Bestrafung gewinnt eine Erlösung bringende Dimension. Dementsprechend fanden „in früherer Zeit" die Exekutionen als öffentliche Veranstaltungen statt, die zwischen kultischer Verehrung und Massen-Event rangierten, das „ganze Tal von Menschen überfüllt", „Fanfaren" ertönten, „die Maschine glänzte", „alle wussten: Jetzt geschieht Gerechtigkeit" (164). Der „Apparat" mit seiner Folterarbeit wird hier durch den Offizier selbst als **Manifestation von Gerechtigkeit** erinnert. Daneben ist er auch in die **Volkstradition** eingebunden: Es gibt für ihn „volkstümliche Bezeichnungen" (151), die Bezeichnung der „Egge" verweist in den Bereich des Bäuerlichen, eine typische Sphäre der Bewahrung von Traditionen und Brauchtum, aber auch des schlichten, althergebrachten Denkens. In seinem Entwurf der Pläne des neuen Kommandanten nennt der Offizier das Gerichtsverfahren selbst eines „nach altem Brauch" (167). Zuletzt ist es der Offizier, der dem „Apparat" eine **Dimension sagenhafter Überlieferung** gibt durch seine Beschreibungen und Erinnerungen an den verstorbenen alten Kommandanten als Erfinder und gottähnlichem Schöpfer.

Apparat als überhöhtes Artefakt

Religiöse Dimension des Apparats

Weiterhin kann der „Apparat" als Akteur, als Quasi-Figur gelten, denn die Hinrichtungsmaschine wird stellenweise als ein selbstständig agierendes, autonomes Phänomen dargestellt. Der Offizier kündigt schon zu Beginn an: „von jetzt aber arbeitet der Apparat ganz allein" (150), sie „wirkt für sich allein (…) in diesem Tale" (165). Am deutlichsten wird der maschinell-passive,

Apparat als Quasi-Figur

rein sachliche Charakter während der Selbstexekution des Offiziers aufgehoben: Hier „gehorcht" die Maschine dem Offizier, der Erzähler berichtet von ihr auffällig deutlich als grammatischem Subjekt, als eigenmächtigem Akteur: Als der Offizier seine Hand der Maschine nur genähert hat, heißt es von der Egge, sie „hob und senkte sich mehrmals", das Bett „fing schon zu zittern an", „der Filzstumpf kam seinem Mund entgegen", „kaum waren die Riemen angebracht, fing auch schon die Maschine zu arbeiten an" (175 f.). Einen figürlichen Charakter erhält der „Apparat" auch in seinem **Funktions- und Identitätswandel**: Er ändert am Ende sein „Verhalten", lässt seine alte Existenz als Erlösung bringende Foltermaschine hinter sich und wird zur reinen Tötungsmaschine ohne verheißenden Anspruch („Das war unmittelbarer Mord" [177], „kein Zeichen der versprochenen Erlösung" [178]).

Figurentypen und Handlungsrollen

Keine Personen, sondern Funktionsträger

Die Figuren der *Strafkolonie* sind keine individuellen Charaktere, sondern als Typen, Funktionsträger und Stellvertreter anzusehen. Auffälligster Beleg dafür ist ihre funktionale Bezeichnung, niemand von ihnen trägt einen Personennamen. Weitere Belege sind ihr stereotypisches und zur repräsentierenden Funktion passendes Verhalten.

Der Offizier

So ist der Offizier als **Repräsentant des traditionellen Gerichtsverfahrens** und autoritärer Macht anzusehen. Zum Zeitpunkt des Geschehens wird beides auf der Insel noch praktiziert, ist aber im Niedergang begriffen. Der unerschütterliche, engstirnige Konservativismus des Offiziers ist auffällig inszeniert: Er trägt Uniform, pflegt die Maschine, lobt die Gerichtstradition der Kolonie und frühere Exekutionsvorführungen, schimpft gegen Neuerungen des aktuellen Kommandanten (162: „Wutschrei des Offiziers"), der als eingeschränkt bezeichnet wird (156: „beschränkter Kopf"); der Offizier ehrt die „Heimat" (150: „wir wollen nicht die

Heimat verlieren“), lässt sich durch Ablehnungen und Erklärungen des Reisenden nicht belehren (167: „Nein, er begriff noch nicht“), behandelt schließlich während seiner Entkleidung seine Uniform sorgfältig und mit Stolz (174: „über die Silberschnüre an seinem Waffenrock strich er sogar eigens mit den Fingern hin“). Zuletzt, bei seiner (Selbst-)Exekution, findet keine Erkenntnis des Offiziers statt; er „liest“ mit seinen Wunden nicht, dass er ungerecht war, wie es die Anlage der Foltermaschine eigentlich bewirken sollte.

Neben dieser selbstgewissen Haltung ist im Offizier eine annähernd **totalitäre Machtfülle** figuriert: Er hat judikative und exekutive Befugnisse (155: „zum Richter bestellt“, 164: „meine Gerichtsbarkeit“); Rang und Uniform zeigen Macht und Gewalt an (151: enger, behängter Waffenrock), Habitus und Sprechweise drücken Autorität aus (158: „Stell ihn auf!“). Er hat überdies eine tätige Handlungsrolle inne voller charakteristischer Aktivitäten: „Apparat“ und Gerichtssystem erklären und verteidigen, Maschine bedienen, foltern und exekutieren, um Beihilfe bitten, Gefangenen freisprechen, sich selbst richten. In einem größeren, rein formalen bzw. strukturellen Kontext kann außerdem die **Handlungsrolle des Offiziers als protagonistischer Held** angesehen werden, obwohl er moralisch nur teilweise klassische Heldenerwartungen erfüllt. Er ist dennoch im Figurentableau der *Strafkolonie* der exponierte Vorkämpfer des althergebrachten Gerichtsverfahrens (vgl. 155: die gelungene Abwehr des neuen Kommandanten, die auch weiter gelingen werde). Er kämpft – wie klassische Helden – einen aussichtslosen Kampf, opfert sich am Ende selbst und macht eine wichtige Erkenntnis (172: „Dann ist es also Zeit“). Bei dieser handelt es sich aber nur um die **Erkenntnis einer Zeitenwende**, der Offizier erkennt zu keinem Zeitpunkt die offen vorliegende Unmenschlichkeit an; dies ist für den Leser ein moralischer Grund, ihn nicht völlig als Helden akzeptieren zu können.

Der Reisende

In der zweiten Hauptfigur tritt der Reisende als **Repräsentant europäischer Wertvorstellungen** auf. Er ist ein Fremder, „weder Bürger der Strafkolonie, noch Bürger des Staates, dem sie angehörte" (162), steht aber dafür, „in europäischen Anschauungen befangen" zu sein und „vielerprobte() Überzeugungen" zu haben (166). Der Offizier nimmt an, dass der Reisende wie in seiner Heimat ein „Gegner der Todesstrafe im Allgemeinen und einer derartigen maschinellen Hinrichtungsart im Besonderen" (166) sein könnte. Er spricht dem Reisenden die **projizierte Rolle eines Hoffnungsträgers und eigentlichen Befürworters des alten Gerichtsverfahrens** zu, denn er geht davon aus, den Reisenden überzeugen zu können (165: „Merken Sie die Schande?"). Der Reisende wird vom Offizier damit in die Funktion eines moralischen Supervisors gedrängt, dessen Urteil maßgeblich (166: „Urteil eines angesehenen Fremden") sein soll, auch wenn dessen eigentlichen Überzeugungen zweifelhaft sein sollten (166: „muß gar nicht Ihrer Überzeugung entsprechen"), weil er die Wahrheit anerkennen müsse (167: „Ihrer tiefen Einsicht entsprechend halten Sie es für das menschlichste [Verfahren], bewundern auch diese Maschinerie [...]"). Dem Reisenden kann aus Sicht des Lesers[18] tatsächlich eine übergeordnete moralische Stellung zugesprochen werden, er hat die klare Erkenntnis „zweifellos(er)" Ungerechtigkeit und Unmenschlichkeit (162). Daher ist es für den Leser irritierend, dass dieser Vertreter der Leserhaltung lediglich in einer **Rolle als kritischer Beobachter** dargestellt wird, der im Übrigen jedoch untätig bleibt, also gegen das Unrecht vor seinen Augen nicht eingreift. Der Reisende ist zunächst gedankenverloren, geistesabwesend (153: „Gleichgül-

Rolle eines moralischen Supervisors

18 Genauer müsste es hier heißen: des „impliziten" Lesers. Die Leserentrüstung über die Unmenschlichkeit des Verfahrens ist vom Erzähler bzw. von Kafka ästhetisch miteinberechnet, ein *Kalkül der Gestaltung*, und wird daher absichtlich vom Reisenden angespielt – allerdings nur gebrochen.

tigkeit“), mit „wenig Sinn für den Apparat“ (149). Dann erwacht aber sein Interesse (152: „war schon ein wenig für den Apparat gewonnen“), er zeigt sich – aber nur in Gedanken – „nicht befriedigt“ über das Gerichtsverfahren (156). Wider seiner moralischen Erkenntnis hadert er gedankenvoll damit einzugreifen, beschäftigt sich mit Reflexionen (162: „Der Reisende überlegte“). Er äußert seine Meinung lange Zeit nicht deutlich, spielt seine Rolle herunter (167: „bedeutungslos(e)“ Meinung). Zur Tat schreitet er erst, als die Maschine den Offizier in nicht gewohnter, aber viel weniger schmerzlichen Weise zu exekutieren droht – eine weitere Irritation.

Der Verurteilte

Als Nebenfigur ist der Verurteilte als überzeichneter **Stellvertreter aller Opfer von Macht** interessant. Seine Erscheinung signalisiert zunächst Geistesschwäche, Verwahrlosung und Wehrlosigkeit, ein Bild totalen Unterworfen Seins unter die Strafexekution (149: „stumpfsinnig[]“, „verwahrloste[s] Haar“, an „schwere[n] Ketten“, „hündisch ergeben“, müsste zum Antreten nur herangepfiffen werden). Insbesondere sein Unvermögen zu verstehen wird noch stärker gezeichnet: Er kennt sein ganzes Gerichtsverfahren, insbesondere sein Urteil, nicht, kann sich also gar nicht aktiv unterwerfen, verteidigen oder Widerstand leisten, sondern nur passiv alles über sich ergehen lassen. Er versteht auch kein Französisch, begreift also nichts von dem, was Offizier und Reisender besprechen. Sein Unverständnis bekommt an der Stelle der Selbstexekution des Offiziers eine besondere Aussagekraft, da der Verurteilte in seinem eingeschränkten Denkvermögen den Umschwung seines Schicksals als „Rache“ (175) interpretiert – eine primitive Strafmotivation, die hier aber den veränderten Verhältnissen zugesprochen wird. Damit sorgt der Verurteilte für eine konterkarierende Abwertung der Selbstexekution, die der fortschrittliche Reisende für angemessen hält (174: „handelte […] vollständig richtig“).

Der frühere Kommandant

Weiterhin können die Kommandanten, der alte wie der neue, als **Repräsentanten gegnerischer Straf- und Gerechtigkeitsvorstellungen** gelten. Sie stehen und arbeiten diachron gegeneinander, der aktuelle Kommandant in zeitlicher Nachfolge des früheren Kommandanten. Der verstorbene Kommandant hat(te) eine übermächtige, gottähnliche Stellung inne. Sein Schöpferstatus zeigt sich darin, dass die „ganze() Strafkolonie sein Werk ist" (151), sein „Lebenswerk" (163). Er hat die Maschine und das Gerichtsverfahren erfunden, war laut dem Offizier allgewaltig, omnipotent (154: „alles in sich vereinigt"). Der alte Kommandant und sein System werden vom Offizier explizit und von Teilen der Inselbevölkerung heimlich verehrt (163: „lauter Anhänger"), die seine Wiederauferstehung und die „Wiedereroberung der Kolonie" erwarten (179). Dadurch gewinnt der alte Kommandant zugleich eine **mythische Stellung**.

Der neue Kommandant

Der neue Kommandant hingegen arbeitet an der Abkehr vom alten Strafsystem (155: „Lust gezeigt, in mein Gericht sich einzumischen"; 162 f.: „neue milde Richtung"), hat mutmaßlich aus diesem Kalkül auch den Reisenden eingeladen (166: „Seine Berechnung ist sorgfältig"). Aufschlussreich sind auch die Annahmen, die der Offizier über die Aussagen des neuen Kommandanten macht: Dieser werde das Verfahren als „unmenschlich()" bezeichnen (167).

Komisches und Irritierendes

Slapstick-Szenen

Eine komische Komponente der Handlung sind die immer wieder eingeschalteten **Interaktionen zwischen dem Verurteilten und dem Soldaten**. Dieses pantomimisch wirkende Paar mit seinen teils „slapstickartigen Szenen"[19], in denen beide den Reisbrei

---

19 Vgl. dazu Engel/Auerochs, S. 214.

essen (165), sich befreunden (171), Tanzvorführungen darbieten (173) und „im Scherz“ um die Damentaschentücher streiten (175), wirkt kindisch, seine Handlungen lächerlich unpassend; sie scheinen den Ernst der Lage zu untergraben. Diese Szenen stehen teilweise im Kontrast zum vorherigen Verhalten der beiden, als beide nur ihren Funktionen nachkommen als Bewacher und Gefangener. Dennoch wirken sie auch schon vorher latent komisch: Der Soldat lehnt desinteressiert und müde an seinem Gewehr, der Verurteilte ist mit „schläfriger Beharrlichkeit“ neugierig (151).

Die Interaktionen von Soldat und Verurteiltem begleiten und kritisieren auf diese Weise metaphorisch den „Umschwung“ der Verhältnisse: Das alte Verfahren wird als „schläfrige“ Routine, das neue als „Tanz“ dargestellt – beides ironische Übertreibungen. Der Spaß, den der Verurteilte am Ende hat, korrespondiert so auch mit den Beschimpfungen der neuen „milden Richtung“ durch den Offizier, der den Verurteilten zu sehr verwöhnt sieht (162 f.). Diese Verwöhnung des Verurteilten durch die „Damen“ ist ein weiteres komisches, irritierendes Element. Er wird mit „Zuckersachen“ vollgestopft, bis er sich übergeben muss (163), und bekommt „Damentaschentücher“ geschenkt (174). Diese grotesken Nettigkeiten aus dem Kreis des neuen Kommandanten können als ironische Spitze gegen die zu zögerliche Haltung gegenüber der routinierten Ungerechtigkeit vor aller Augen gewertet werden, als Zeichen von Trägheit und verweichlichter, inkonsequenter Tatkraft.

Verwöhnung des Verurteilten

Eine große Irritation ist die Selbstexekution des Offiziers. Der Offizier will sich nach alter Sitte für ein neues Vergehen bestrafen. Das Gebot, das er übertreten haben soll und welches er in den „Zeichner“ eingibt, lautet: „Sei gerecht!“ (173). Im Sinne seines Wissens über europäische Wertvorstellungen und seiner Erkenntnis einer Zeitenwende erkennt er – so eine mögliche Deutung – nun diesen neuen Straftatbestand mit neu definierter Gerechtigkeit

Selbstexekution des Offiziers

an. Dennoch wählt er das alte Folterverfahren zur eigenen Hinrichtung. Hier, in diesem Schlüsselmoment des „Umschwungs“, verschränken und überkreuzen sich alte und neue Werteordnung. Nach alten Maßstäben misslingt die Bestrafung mit der scheinbaren **Fehlfunktion des „Apparates“**, der Offizier erkennt sein Vergehen nicht. Die Maschine jedoch, die weiterhin bestehen bleibt, ist zu einer reinen Tötungsmaschine geworden – sie hat ihre Bestimmung gewechselt.

Die Strafkolonie und ihre Situation

Von Europa weit entfernt

Die **Insel** erscheint als tropischer, von Europa weit entfernter Ort (vgl. 150: „Tropen“, oder die Existenz des „Teehauses“), offenbar handelt es sich um eine französische Strafkolonie (vgl. das französische Sprechen der Hauptfiguren, den Heimatverweis des Offiziers).[20] Diese Ambivalenz der verbindenden Ferne verweist zum einen auf die Eigenständigkeit der Kolonie, sie bildet einen eigenen Kosmos. Zum anderen ist hier einer der Grundkonflikte angezeigt: die Ausübung archaischer, primitiver Strafverfahren durch Träger einer als fortschrittlich geltenden, abendländischen Geisteshaltung – ein Konflikt moralischer Kulturen. Der **Platz des „Apparates“** ist ein von der Sonne strahlend hell beschienener Ort in einem öden, sandigen Tal, ein Hinweis darauf, dass hier nichts verborgen, alles klar zu sehen ist – eine metaphorisch unterstützte „Offensichtlichkeit“ des Unmenschlichen (151: „Sonne verfing sich allzustark in dem schattenlosen Tal“). Die Anspielung auf das Potenzial an Erkenntnis, das an diesem sonnendurchfluteten Ort möglich ist, wird auch zu einer **Aussage über den Reisenden**, wenn

Sonnenlicht enthüllt alles

---

20 Derartige Strafkolonien in den Tropen gab es tatsächlich, so wurde etwa der zu Unrecht wegen Verrats verurteilte französische Hauptmann Alfred Dreyfus 1894 auf die Teufelsinsel vor Französisch-Guyana gebracht. Die Île du Diable diente von 1852 bis 1945 als Strafkolonie.

dieser sich vor der Sonne gelegentlich mit der Hand schützen muss (152): Auch das zwischenzeitliche Abhalten von Erkenntnis stützt metaphorisch die weitgehend passive Rolle des Reisenden.

Das Gerichtsverfahren

In dem „Apparat" verdichtet sich in symbolischer Materialität das alte Gerichtsverfahren, das auf der Insel noch immer herrscht. Es erscheint in der Erzählung als ein Standrecht, das auf einen Prozess (und damit auf eine Verteidigung) verzichtet und nur eine Strafform, die Todesstrafe, kennt, wie es der Offizier am Beispiel des gegenwärtigen Falles beschreibt (154–156): Die „Schuld ist immer zweifellos", der Offizier protokolliert den Tathergang „und anschließend gleich das Urteil". Sein Verfahren ist „sehr einfach", im Unterschied zu den „vielköpfigen Gerichten". Der Gefangene „kennt sein eigenes Urteil nicht", muss nicht befragt werden, das bringe „nur Verwirrung". Zum anderen gilt für dieses Verfahren eine Legitimation durch Tradition und Charisma seines gottgleichen Erfinders; so manifestieren sich die Urteile in den labyrinthischen „Zeichnungen des früheren Kommandanten" (158). Sie kann keiner lesen außer der an ihnen zu Tode kommende Verurteilte, da sie gleichzeitig als Programme ihrer eigenen tödlichen Vollstreckung dienen.

Legitimation durch Tradition und Charisma

Das auf der Insel (noch) herrschende Rechts- und Strafsystem verweist mit diesen Merkmalen auf zwei Rechtssphären und verfremdet diese in grotesk-übertriebener Form: auf das **Militärrecht für Ausnahmezustände,** das dem Reisenden in seinen zögerlichen Reflexionen auch als Ausweichgedanke dient (156: „bis zum letzten militärisch") und es verweist auf den **mittelalterlichen Heilsgedanken** mit dem König als Quelle allen Rechts. Damit scheint es weit zurück hinter zentrale moralische und rechtliche Errungenschaften des aufgeklärt-humanistischen Europas zurückzufallen, von den Menschenrechten bis zu Normen des Prozessrechtes. Es erscheint als primitives, archaisches Verfahren. Diese Wahrneh-

Rückfall hinter Aufklärung

mung wird auch gestützt durch die Art der Urteilsvollstreckung: eine Tätowierung des Körpers mit Ornamenten, die vom bürgerlichen Leser zu Kafkas Zeit stereotypisch mit „Wilden" in Verbindung gebracht wurden.

Deutungsansätze: kultur- und moralphilosophisch

Grundlagen

Signale der Uneigentlichkeit

Verallgemeinerte und übertragene Deutungsansätze werden im Erzähltext durch Textstellen motiviert, die als Interpretationsvorgaben fungieren. Dazu zählen die Signale der Uneigentlichkeit. Der Erzähler zeigt durch verschiedene Mittel, dass die konkreten, oberflächlichen Inhalte seiner Berichte nicht wörtlich, sondern uneigentlich gemeint sind, dass er eigentlich auf einen weiterführenden, tiefergehenden Sinn abzielt. In der *Strafkolonie* können als solche Signale folgende Textstellen und Zusammenhänge gelten (Auswahl):

- → die Stellvertreter-Funktion der Figuren; sie weisen in der oben beschriebenen Weise über sich hinaus auf Systeme/Institutionen.
- → der „Heimat"-Verweis und die französische Muttersprache des Offiziers; sowohl der Offizier als Vertreter des alten, barbarischen Strafsystems als auch der für modernere Ansichten stehende Reisende haben einen europäischen Hintergrund. Es kann also nicht oder nur vordergründig um nationale, kontinentale oder sonstwie geartete kulturelle Zuordnungen und Parteinahmen gehen. Vielmehr sind alle scheinbaren Konturen hier in Unordnung, und menschliche Grundsatzfragen treten in den Vordergrund.
- → die Bezeichnung „Umschwung" (175) für die vom Verurteilten wahrgenommene Umkehrung der Situation auf dem Hinrichtungsplatz. Hier zeigt sich, dass der Erzähler auf größere

Entwicklungen verweisen will, nicht nur auf eine lokale Veränderung auf einer fiktiven Insel.

Fragwürdiger Gegensatz von Primitivität und Moderne

Modernes Denken

In der *Strafkolonie* wird zunächst ein progressives, modernes Denken thematisiert: Dieses kritisiert die dahin gängige Rechts- und Hinrichtungspraxis durch den Reisenden mit seiner „zweifellos(en)“ Antwort (170) auf die vorgeführte Unmenschlichkeit und durch die Absichten des neuen Kommandanten, das alte Gerichtssystem abzuschaffen. Beide Verhaltensweisen sind allerdings ironisch gebrochen: Der **Reisende** ist ein allzu gedankenverlorener, zögernder und tatenloser Vertreter der Prinzipien und Werte der Moderne (Freiheit, Gleichheit, Rechtssicherheit usw.). Auch im Moment der Zurückweisung des Offiziers trifft der Erzähler, ganz typisch für Kafkas Texte, keine klare Aussage über die Standfestigkeit des Reisenden, sondern er spricht mehrfach verunsichert, in negativen Ausdrücken, im Konjunktiv, im Widerspruch: Der Reisende „hatte (…) zu viel erfahren, als dass er hier hätte schwanken können; er war im Grunde ehrlich und hatte keine Furcht. Trotzdem zögerte er jetzt (…)“ (170 f.). Dann verneint er, „wie er musste“, auch diese Formulierung signalisiert Unentschlossenheit.

Heuchlerischer Fortschritt

In der **Darstellung des neue Kommandanten** steckt Verweichlichung und ebenfalls Zögerlichkeit: Er macht zwar schwache Versuche der Reform, lässt den Verurteilten verwöhnen, aber immer noch foltern. Im Ganzen erscheint die hier vorgeführte Moderne als ein heuchlerischer, unehrlicher, nur scheinbarer Fortschritt.

Primitiv oder modern?

Daneben erscheint in der *Strafkolonie* aber auch die **angeblich primitive, barbarische Tradition** – getragen durch das alte Gerichtssystem, den „Apparat“ und den Offizier – im Zeichen der Moderne. Von dem „Apparat“ beispielsweise geht der Schein **ma-**

schineller Rationalität aus, ein Symptom des Fortschritts. Parallel dazu ist es nur der Verurteilte in seinem simplen Denken, der den „Umschwung" als „Rache" bezeichnet und ihn damit zurückwirft auf archaische Rechtsmuster (Auge um Auge).

Kontamination von alter und neuer Zeit

Eine mögliche Schlussfolgerung aus diesen Feststellungen ist, dass der Erzähler geordnetes Denken entlarven will und die Verschränktheit und gegenseitige Kontamination scheinbar alter und neuer Zeiten vorführt.

Kritik an typisch europäischen Geisteshaltungen

Spott über Kulturrelativismus

Nicht nur diachrone Rück- und Fortschrittlichkeit im Gegenüber der Zeiten wird thematisiert, auch synchrone, im Nebeneinander der Nationen bestehende Überheblichkeiten sind in Kafkas Erzählung Gegenstand einer Kritik. Der Reisende ist ein „Forscher des Abendlandes, dazu bestimmt, das Gerichtsverfahren in allen Ländern zu überprüfen" (167), bleibt aber tatenlos trotz des offensichtlichen Unrechts. Was hier am Pranger steht, ist die **abendländische Werte-Arroganz**: Sie wird als eine rein theoretische Anwesenheit entlarvt, ohne einen lebensrettenden, realitätstauglichen Effekt. Der Grund dafür kann in einer weiteren europäischen bzw. westlichen Mentalität liegen, die hier verspottet wird: im Kulturrelativismus. Der Reisende findet es „immer bedenklich, in fremde Verhältnisse entscheidend einzugreifen" (162). Angesichts der Umstände wird der Leser diese Einstellung hinterfragen können.

Aussagen zum Thema „Strafe"

Menschen als Statisten und Funktionen

Zuletzt lassen sich aus der Erzählung die Kritik an einer maschinellen, inhumanen und verselbstständigten Strafkultur herauslesen. Es wird deutlich, dass die Menschen – Unterstützer, Opfer und Gegner – diesem Automatismus ausgeliefert sind und nur noch als Statisten und Funktionsträger agieren. Auch die Idee einer erlösenden Erkenntnis durch Strafe, insbesondere durch Schmerz, ist hier in ihrer Fragwürdigkeit sprachlich inszeniert und verspottet: Die groteske Schmerzveranstaltung des „Apparates“ wurde einst mit Fanfaren begleitet, angebetet, Kindern gezeigt.

Deutlich wird auch ein ironischer Kommentar zur Verwandlung der Folterstrafe in eine Todesstrafe: Die Maschine wird am Ende nicht zerstört, sondern quasi umfunktioniert – sie richtet den Offizier ohne Folter hin. Der Reisende kommentiert dies mit seiner Entrüstung über „unmittelbare(n) Mord“ (177) und hält dies für eine misslungene Exekution, nachdem er zuvor, ganz im Sinne des Auge-um-Auge-Prinzips, eine Selbstexekution des Offiziers befürwortete. Obwohl die Maschine hier etwas vergleichsweise Humanes tut, nämlich dem Delinquenten die vorangehende Folterung erspart, fällt der angeblich fortschrittliche Reisende in ein primitives Strafdenken zurück. Hier zeigt sich die oben bemerkte Kontamination bzw. Überkreuzung der Zeitalter: Der „Apparat“ ist modern geworden.

2.3 *Vor dem Gesetz* (1914)

Inhaltsangabe

Der Mann vom Lande und der Türhüter

Vor dem offen stehenden Tor zum Gesetz verwehrt ein Türhüter einem Mann vom Lande den Zutritt, der aber grundsätzlich möglich sein soll. Der Mann späht hinein, der Türhüter warnt ihn vor einer Missachtung seines Verbots; viele aufsteigende, mächtigere Türhüter wachten in weiteren Sälen. Den Mann verstört diese unerwartete Unzugänglichkeit zum Gesetz. Das Aussehen des Türhüters veranlasst ihn, auf einem bereitstehenden Hocker bis zur Erlaubnis zu warten. Jahrelang ersucht er um diese vergebens, lässt beiläufige Verhöre des Türhüters über sich ergehen, beschenkt diesen mit all seinem Besitz, ohne Erfolg. Er sieht mit der Zeit diesen ersten Türhüter als einziges Hindernis an, flucht, kommt mit dem Alter auf alberne Ideen. Er wird schwächer, nimmt einen Glanz aus dem Gesetzestor wahr. Kurz vor seinem Tod fragt er den Türhüter noch, warum niemals jemand anderes Einlass in das Gesetz begehrt habe. Der Türhüter klärt ihn auf, dass dieses Tor nur für ihn bestimmt gewesen sei und er es nun schließe.

Aufbau

Ein eigenständiger personaler Erzähler berichtet aus dem Blickwinkel und Sinn der Figur des Mannes vom Lande in einem chronologischen Ereignisbericht mit Figurenrede; Erzähltempus ist Präsens. Das Geschehen ist dreiteilig organisiert:

Drei Teile

→ Ein **1. Abschnitt** schildert den ersten Einlassversuch des Mannes und die erste Verweigerung (147 bis „... lässt ihn seitwärts von der Tür sich niedersetzen.“).

→ Ein **2. Abschnitt** zeigt die jahrelangen Einlassversuche bis zum Alter (148 bis „Nun lebt er nicht mehr lange.“).

→ Der **3. Abschnitt** erzählt die Antwort des Türhüters auf die letzte Frage.

Analyse und Deutungsansatz: psychologisch

Formalästhetische Auffälligkeiten

Abstraktes „Gesetz"

Das zentrale Abstraktum des Textes, das „Gesetz", ist ein nicht konkret vorstellbares Zeichen. Da es durch den vorgeführten, angeblich nur für einen einzelnen Menschen bestimmten Zugang individualisiert wird, außerdem von einer irrealen, uneigentlich anmutenden Erzählung umgeben ist und so selbst den Anschein des Uneigentlichen bekommt, meint es offenkundig mehr als die bloße lexikalische Bedeutung des Wortes „Gesetz". Der Mann denkt zunächst, „das Gesetz soll doch jedem und immer zugänglich sein" (147); später sagt er, dass alle danach streben würden: Dieses Zeichen des „Gesetzes" scheint sich auf ein allgemein erstrebenswertes Gut zu beziehen, von der die Vorstellung eines Zugangs herrscht, zu dem alle berechtigt sind. Auch der vom Mann wahrgenommene „Glanz" (148) aus der Tür deutet auf mehr als nur Gesetz im juristischen Sinne, gibt dem „Gesetz" eine erhabene Dimension. Für eine Bedeutung dieses Abstraktums kommen mehrere positive, erstrebenswerte Güter in Frage, z. B. Erkenntnis, Wissen, Weisheit, Erlösung usw.

Hierarchische Topografie

Die **Bildsprache** der Erzählung veranschaulicht das Gesetz als etwas, zu dem Menschen „Eintritt" bzw. „Zugang" bekommen können. Man kann dies als Versinnbildlichung von Verstehen auffassen – „das Gesetz" will verstanden werden. Das Kafka-typische Motiv der hierarchischen Topografie fällt außerdem auf in der Anordnung der Säle mit ihren immer mächtigeren Türhütern hinter dem Tor. Dies deutet eine Unendlichkeit und damit Unmöglichkeit des Zugangs an. Sinnbildlich inszeniert ist auch der Türhüter: Als spitzbärtiger Tatar mit Pelzmantel und Flöhen vermittelt er den

Eindruck des Wilden, Gewaltbereiten, Machtvollen – zumal er dem Mann auch droht (147: „Ich bin mächtig“). Zuletzt fällt noch die äußerliche Entwicklung des Mannes vom Lande bis ins Alter auf, ein Verfallsvorgang (148: „erstarrende[r] Körper“).

Die **Verteilung der wörtlichen Rede** entfällt schwerpunktmäßig auf den Türhüter, er wird somit in seiner Präsenz stark vergegenwärtigt.

Parabel

Auf den ersten Blick scheint hier die Textgattung einer Parabel vorzuliegen. Parabolische Merkmale könnten in der Art einer bildhaft anschaulichen Erzählung mit eigentümlicher Logik bestehen, die einen bekannten Sachverhalt, hier vielleicht „das Gesetz“, in den Mittelpunkt stellt, den der Leser mit der vertrauten Wirklichkeit verbindet. Da es sich aber um ein uneigentliches Abstraktum handelt, ist dieser Vergleichspunkt fragwürdig.

Verhalten der Figuren

Der Mann vom Lande

Der Mann vom Lande ist aus Sicht des Türhüters „unersättlich“ (148) in seinen Versuchen, Zugang zum Gesetz zu bekommen. Die „Schwierigkeiten“ hat der Mann „nicht erwartet“ (147). Es fällt auf, wie anstandslos er sich dem groben Äußeren des Türhüters beugt. Er ist ein neugierig-beharrlicher, schlichter und naiver sowie zurückhaltender Suchender nach individueller Erkenntnis. Seine Handlungen sind kohärent und folgerichtig: Er bittet um Eintritt, fragt weiter nach, späht hinein, wartet, startet neue Versuche usw. Dennoch mutet sein Handeln auch irreal an – er sitzt schließlich Jahre vor dem Tor bis zu seinem Tod.

Der Türhüter

Der Türhüter steht im Kontrast zu den nachvollziehbaren, eher demütigen Handlungen des Mannes. Er handelt anscheinend unbegründet und paradox (verbale Verweigerung und Beiseitetreten), vertröstet den Mann auf später bis zu dessen Tod, gebärdet sich autoritär, verbietet einfach („Verbot“), droht, spricht warnend

(147: „Merke aber“), stellt Fragen „wie (...) große Herren“ (147), erscheint als das „einzige Hindernis“ (148), am Ende „brüllt“ (148) er den Mann an. Er ist das Zerrbild einer primitiven, willkürlich handelnden Autorität. Der **Schlussdialog** offenbart die große Paradoxie der Erzählung: Das Tor ist der persönliche, nur für den Mann vom Land bestimmte Zugang zum Gesetz. Der Türhüter ließ den Mann also nicht durch dessen eigenen Zugang; der Mann hat sich aber offenbar zeitlebens auch nicht getraut, ernsthaft zu versuchen, durch diesen Zugang zu gelangen.

Deutung: Angst vor Lebenserfüllung

Türhüter als Manifestation der Angst

Es kann in der Erzählung nicht um äußere oder real-konkrete Verhältnisse gehen, um äußere Autoritäten u. a. Der Türhüter ist gemäß der Bestimmung des Tores ebenfalls ein eigens für den Mann bestimmtes Hindernis auf dem Weg zur Erkenntnis – so viel sagt der Text. Er verweist damit in die Sphäre der Persönlichkeit des Mannes vom Land. Verallgemeinert man diese Verhältnisse, sind sowohl das Streben nach Zugang zu dem „Gesetz“ – ein Streben nach erfülltem Leben – wie auch der Türhüter innere Faktoren eines Menschen. Den Eigenheiten des Türhüterbildes nach kann dieser gedeutet werden als Manifestation von Angst, von irrationalen, unerklärlichen Widerständen und Gegenkräften eines Menschen, die er in seinem Inneren beherbergt und die er auf dem Weg zum erfüllten Leben überwinden muss.

Kafkas Schaffensphase 1917

In dieser Schaffensphase zog sich Kafka in ein Häuschen im Prager Goldmachergässchen zurück und schrieb hier den Winter durch, begleitet von Kälte und der im vierten Kriegsjahr herrschenden Kohlenot. In diese Zeit fiel die Entstehung des *Kübelreiters* im Januar 1917 (Erstdruck 1921 in einer Zeitschrift), des *Landarztes* im Januar/Februar 1917 (Erstdruck im selben Jahr in dem Sammelband *Die neue Dichtung*), der *Schakale und Araber* im Januar 1917 (Erstdruck im selben Jahr in einer Zeitschrift mit übergeordneter Bezeichnung als *Tiergeschichte*) sowie der *Kaiserlichen Botschaft* im März 1917: Dieser Text war ursprünglich als „Sage" in die größere Erzählung *Beim Bau der Chinesischen Mauer* eingebunden, wurde dann selbstständig veröffentlicht im Erstdruck 1919 in einer Zeitschrift. Des Weiteren entstand im April 1917 die *Sorge des Hausvaters* (Erstdruck 1919 in einer Zeitschrift).

2.4 *Auf der Galerie* (1916/17)

Inhaltsangabe

Die Kunstreiterin und der Zirkusdirektor

Der Erzähler stellt sich vor, ein Zirkusdirektor treibe eine sehr kränkliche Kunstreiterin auf unsicherem Pferd in einer Manege mit Peitsche umher. Sie mache Kunststücke; Publikum, Orchester und Ventilatoren lärmen, und dies dauere ohne Ende an. Ein junger Galeriebesucher könnte einer solchen Vorstellung lautstark Einhalt gebieten. In Wirklichkeit, so der Erzähler weiter, tritt eine stolze Kunstreiterin schwungvoll und prächtig inszeniert auf. Ein besorgter, stolzer Direktor setzt sie auf einen Schimmel, überwindet sich zum Startsignal. Er sichert achtsam jedes Kunststück ab und verlangt größte Aufmerksamkeit. Am Ende der Vorführung küsst er die Reiterin, die glücklich vor Publikumshuldigungen posiert. Der Besucher lässt den Kopf hängen und weint unwissentlich.

Aufbau

Zwei lange Sätze

Der Text besteht im Ganzen aus zwei langen, vielfach unterteilten Sätzen als Abschnitte, die inhaltlich ein ähnliches Geschehen wiederholen (Zirkusnummer einer Kunstreiterin). Figurenrede kommt nicht vor.

- → **Abschnitt 1** ist formal eine subjektive hypothetische Erzählerreflexion ohne objektive Entsprechung, erzählt in zwei Konditionalsätzen (229: „Wenn ... und wenn .... dann") im Konjunktiv Präteritum sowie untergeordneten Partizipialeinschüben und abschließend drei Hauptsätzen (229: „vielleicht eilte"). Inhaltlich thematisiert der Erzähler die Möglichkeit, als Zuschauer souverän eine unbarmherzige, würdelose Kunstvorführung zu stoppen.
- → **Abschnitt 2** ist formal ein Erzählerbericht als subjektive Schilderung objektiver Tatsachen im Indikativ Präsens, syntaktisch

eine Reihung kausaler Nebensätze (229: „Da“) mit weiteren Einschüben und schlussendlich zwei Hauptsätzen (230: „legt der Galeriebesucher“). Inhaltlich berichtet der Erzähler von der Bekümmerung des Galeriebesuchers angesichts der Beobachtung einer offenbar glanzvollen, erfolgreichen Kunstvorführung.

Analyse und Deutungsansatz: Probe einer Wirklichkeit

Erzähler und Erzählweise

Perspektive des Galeriebesuchers

Die Erzählweise ist hier ein maßgeblicher Faktor der inhaltlichen Aussage, daher ist eine nähere Betrachtung nötig: Die **personale Perspektive** des Erzählers ist gebunden an den Blickwinkel der Figur des Galeriebesuchers. Beleg dafür ist, dass in jedem Abschnitt die syntaktisch untergeordneten weitläufigen Konditional- bzw. Kausalsätze in abschließenden Hauptsätzen kulminieren, die jeweils den Besucher als Subjekt haben, der auf das zuvor Geschilderte reagiert. Im zweiten Abschnitt berichtet der Erzähler nur, was sich vor den „Vorhängen“ (229) ereignet, was also sinnlich von der Galerie aus wahrnehmbar ist. Angaben zu inneren Zuständen der Figuren, beispielsweise zur „Selbstüberwindung“ (229) des Direktors oder zum „Glück“ (230) der Reiterin, sind nicht als auktoriale, eigenmächtige Aussagen zu lesen, sondern als optisch hergeleitete Urteile bzw. Deutungen der zusehenden Perspektivfigur. Hingegen sieht der Erzähler definitiv in das Innere des Besuchers, wenn er am Ende dessen Schwermut und sein Weinen „ohne es zu wissen“ (230) bemerkt. Der Erzähler zeigt hier seine Eigenständigkeit, er kennt die Gefühle des Besuchers besser als dieser selbst. Seine Unzuverlässigkeit beweist der Erzähler für den Leser jedoch durch seine kritische Haltung: Er berichtet aufwändig Glanz und Erfolg der Reitvorführung in der zweiten Schilderung, erkennt diese aber selbst nicht an, lehnt sie mittels des Besuchers eher ab (230: „schwere[r] Traum“).

Im **Aufbau** arrangiert der Erzähler Reflexion und Schilderung nacheinander, also die gegenüberstellende Wiederholung eines ähnlichen Geschehens in gegensätzlicher Werthaltung. Damit lässt er Subjektivität auf Objektivität treffen, ein bekanntes Muster bei Kafka. Er signalisiert im ersten Abschnitt eine unmögliche Vorstellung (229: „monatelang ohne Unterbrechung im Kreise rundum getrieben"), gibt dieser aber explizit einen Realitätsbezug, indem er sie als uneigentliches Bild für etwas eigentlich Gemeintes hinstellt (229: „Hände, die eigentlich Dampfhämmer sind"). Damit erscheint das anfängliche hypothetische Gedankenspiel der Realität näher als die folgenden tatsächlichen Beobachtungen. In diesen wiederum signalisiert der Erzähler durch eine Überfülle positiver Attribute, dass der Leser hier nur einen **schönen Schein** vor sich hat. Diese Illusion wird durch die irritierende negative Reaktion des Besuchers (230: „schwere[r] Traum", „weint er") kritisch als **Shownummer** ohne Bezug zur Wirklichkeit entlarvt. Damit rückt der Erzähler eine Vorstellung in die Nähe der Wirklichkeit, zugleich aber eine beobachtete Wirklichkeit in die Nähe eines Trugbildes und drückt positive Wertungen aus, die er selbst nicht zu teilen scheint.

Gegensätzliche Wertung

Fantasie oder Realität?

Aussage über Wirklichkeit

Der Erzähler stellt in *Auf der Galerie* die Wahrnehmung der Wirklichkeit sprachlich und auch erkenntnistheoretisch auf die Probe und entlarvt Mechanismen der Täuschung. Die positivistische Wirklichkeitsauffassung wird dem Leser in der zweiten Schilderung vor Augen geführt und sprachlich markiert durch ihr **Sosein** (230: „so ist") und durch den **Indikativ**. Dennoch kann der Leser diese Wirklichkeit als Scheinwelt identifizieren, wiederum durch sprachliche Mittel, und wird zurückverwiesen auf den ebenfalls sprachlich als Wirklichkeit markierten Schein, hinter dem er

Mechanismen der Täuschung werden entlarvt

die wirkliche Wirklichkeit vermuten darf. So ist *Auf der Galerie* ein **Spiel mit Wirklichkeiten und Sprache** und verweist auf deren innere Abhängigkeiten voneinander.

Anspielung auf Kriegspropaganda?

Diese rein ästhetische Deutung verweist des Weiteren auf **außerästhetische Deutungsansätze**: So kann zum Beispiel in den „Dampfhämmer(n)" (229) ein Hinweis auf die zeitgenössische Rüstungsindustrie und Kriegsmaschinerie während der letzten Jahre des Ersten Weltkrieges gesehen werden. Der Publikumsbeifall bezieht sich in dieser historischen Lesart dann auf die unterstützende Haltung der Gesellschaft und den Verlauf der Kriegsbegeisterung bzw. auf den Erfolg der Kriegspropaganda.

2.5 *Der Kübelreiter* (1917)

Inhaltsangabe

Kohlen gegen die Kälte

Ein Ich-Erzähler, dem die Kohlen ausgegangen sind, vergegenwärtigt sich abends die Kälte in seinem Zimmer und befürchtet zu erfrieren. Da er kein Geld hat und den Kohlenhändler für unnachgiebig hält, malt er sich ein außergewöhnliches Bittgesuch aus, welches den Händler zur Hilfe zwingen müsse. Auf seinem leeren Kohlenkübel reitet er daher, wie es heißt, zu einem überzeugenden Auftritt durch die Gasse vor das erhitzte, offene Kellergewölbe des Händlers, ruft ihn bittend heraus und verspricht die Nachzahlung. Der Händler im Inneren erkennt zwar undeutlich eine Stimme, reagiert auch an sich wohlwollend auf das späte Erscheinen einer Kundschaft, doch seine Ehefrau, die nichts zu hören behauptet, hält ihn zurück, indem sie ihn an seine Gesundheit und Verantwortung für seine Familie erinnert, und sieht an seiner Stelle nach. Obwohl der Ich-Erzähler sich von der Frau gesehen glaubt und von ihr nur eine Schaufel ihrer schlechtesten Kohle erbittet, die er später zu bezahlen verspricht, meldet die Frau dem Händler, niemand sei draußen zu sehen. Sie schüttelt verächtlich ihre Schürze aus, der Ich-Erzähler fühlt sich von ihr verjagt, schimpft über die „böse" Frau und wird samt Kübel in Richtung Gebirge davongeweht.

Aufbau

Problem, Lösungsplan und gescheiterte Durchführung

Der K. berichtet die Ereignisse chronologisch als Ich-Erzähler. Er reflektiert zunächst in einem **inneren Monolog** seine Problemlage (Erfrierungsangst im Zimmer) und einen Lösungsplan (mögliches Bittgesuch beim Kohlenhändler). Mit einem kurzen **Erzählerbericht** (Kübelritt zum Kohlenhändler) setzt der Durchführungsversuch des Plans ein. Im Hauptteil der Erzählung, einer **Szene**, zeigt der Ich-Erzähler Dialoge des K. mit dem Kohlenhändler und seiner Frau (Kontaktaufnahme, Versuch eines Kohleerwerbs auf Kredit). Den Schluss bildet ein weiterer **Erzählerbericht** (Vertreibung des K.).

Analyse und Deutungsansatz: existenzialistisch

Formalästhetische Auffälligkeiten

Figureninneres im Zentrum

Die **Merkmale des Erzählers** im *Kübelreiter*, die Erzählform der ersten Person und die personal eingeschränkte Sichtweise mit der Bindung des Lesers an die Figurensubjektivität, verweisen bereits darauf, dass in der Geschichte die innere Befindlichkeit einer Figur ein zentrales Thema ist. Darauf deuten auch Aspekte der **Erzählweise** hin, mit denen sich die Distanz zum Leser mindert und die auf dessen Teilhabe abzielen (vgl. Ausführungen zum *Landarzt*, vgl. S. 79 dieser Erläuterung): Das Erzähltempus des Präsens vergegenwärtigt den Erzählerbericht im Lesen, der innere Monolog vermittelt den subjektiv hoffnungsvollen Plan des Kübelreiters unmittelbar (252: „ich muss kommen, wie der Bettler"). Allerdings zeigt die Erzählweise auch scheinbar reale Vorkommnisse an: Sie setzt sich im Hauptteil aus einer Szene zusammen mit Figurendialog, den Auseinandersetzungen zwischen Kohlenhändler und dessen Frau. Dieses Geschehen ist durch seine szenische Darbietung als objektives markiert: „‚Kohlenhändler!' rufe ich (...) ‚Hör ich recht?' fragt er" (252 f.) – die Dialoge vermitteln den Eindruck tatsächlicher Gegenwart. Formal gesehen trifft also inszenierte Subjektivität auf inszenierte Objektivität.

Bild der Verzweiflung

Auch **Wortwahl und Syntax** stehen im Dienst der subjektiven Befindlichkeit: Der Kübelreiter beschreibt seine Lage zu Beginn in kurzen, hastig mit Semikolons interpunktierten, elliptischen Aussagesätzen mit vorangestellten Prädikatsnomen, die die Eigenschaft bezeichnen. So ergibt sich ein eindringlich betontes Bild der Verzweiflung: „Verbraucht alle Kohle; leer der Kübel; sinnlos die Schaufel; Kälte atmend der Ofen (...)" (252). Personale Subjekte fehlen hier, die Grammatik stützt also an dieser Stelle das Spiel mit Objektivem und Subjektivem im *Kübelreiter*.

Spiel von Kälte und Wärme

Die **Bildsprache** verweist auf Bedeutungen im Zusammenhang mit den Empfindungen von „Kälte" und „Wärme": die anfängliche Zimmerbeschreibung „vollgeblasen von Frost", die „gefrorene Gasse", die abgelassene „übergroße Hitze" (alle 252) aus dem Kohlenkeller, die „vor Kälte hohl gebrannte[] Stimme" (252 f.), die strickende Frau auf der „Ofenbank" (253), die „gefühllose[n] Tränen der Kälte" (253) des Kübelreiters, die „Eisgebirge" (254) am Ende. Dieses Spiel von Kälte und Wärme lässt sich dem von Subjektivität und Objektivität zuordnen: Die Wahrnehmungen und Gefühle des Kübelreiters sind von Kälte geprägt, die objektiv vorgeführten Inhalte (Kohlenhändler) sind durch Wärme gekennzeichnet. Bezeichnenderweise zielen die ersten Prädikative der Eingangsbeschreibung (252: „verbraucht", „leer", „sinnlos"), trotz der im Ganzen dominierenden Wahrnehmung der Kälte, nicht auf diese ab. Sie verweisen eher auf etwas abstrakt Negatives – ein Signal dafür, dass es nur sinnbildlich, uneigentlich um Kälte geht, eigentlich um eine allgemeine problematische, negative Befindlichkeit der Figur.

Strukturen der Handlung

Lebensbedrohung durch Kälte

Die **Ausgangslage** des Kübelreiters ist eine eindringlich verbildlichte, verzweifelt vorgebrachte Lebensbedrohung durch Kälte. Der Ausspruch „ich darf doch nicht erfrieren" (252) wirkt wie ein Appell an den Leser zur Beipflichtung. Die Bilder vermitteln diese Angst und Ausweglosigkeit in präpositionaler Einengung als eine existenzielle Zwangslage: „hinter mir der erbarmungslose Ofen, vor mir der Himmel ebenso" (252). Die mitleidlosen Bedingungen der Außenwelt (im Bild des erkalteten Ofens) und eine mitleidlose

Haltung höherer, transzendenter Kräfte (im Bild des Himmelsschildes) lassen dem Kübelreiter nur noch die Rettung durch soziale Hilfe offen: „Infolgedessen muss ich scharf zwischendurch reiten und in der Mitte beim Kohlenhändler Hilfe suchen“ (252).

Vertrauen auf Mitmenschen

Der **Plan** des Kübelreiters symbolisiert sein Vertrauen auf zwischenmenschliche Hilfe (252: „muss mir der Händler [...] eine Schaufel voll in den Kübel schleudern“), seine generelle Hoffnung auf die Gemeinschaft, damit auch seine Zuversicht gegenüber sich selbst, als Mensch dieser Hilfe wert zu sein und das Gegenüber überzeugen zu können. Doch diese Zuversicht wird bereits gebrochen vorgetragen, in Zeichen mangelnden Vertrauens: Der Kohlenhändler ist „schon abgestumpft“ (252), der Erzähler entwirft sich als röchelnder „Bettler“ (252), dem nur Kaffeesatz gegönnt wird, der Händler, unterstellt er, werde wütend sein und nur aufgrund der Macht des christlichen Gebotes „Du sollst nicht töten“ handeln. Damit kann der Plan als Vorausdeutung des Scheiterns und der existenziellen Minderwertigkeit und Isolation der Figur angesehen werden. Dennoch steht das zentrale **Leitmotiv des leeren Kübels und seines Reitens** für diese Hoffnung und Zuversicht auf mitmenschliche Hilfe: Dem Händler soll durch genauen Nachweis der Bedürftigkeit seine Hilfe abgetrotzt werden (252). Doch auch dieses Zeichen ist schon gebrochen und kann nicht zum Erfolg verhelfen, denn es zeigt aufgrund der Leere und damit verbundenen Gewichtlosigkeit Unwirklichkeit an (252: „außergewöhnlich hoch schwebe ich“) – und entlarvt damit alle Hoffnung als Fantasie.

Der leere Kübel

Die **Szene beim Kohlenhändler** ist für den Kübelreiter, entsprechend ihrer formalästhetisch festgestellten Bedeutung, der objektive Beweis des Scheiterns, Beweis der mehrfach angekündigten sozialen Ablehnung, Beweis des Alleingelassenseins. In dem Dialog verhält sich der Kübelreiter höflich bettelnd und unterwürfig (253: „treu ergeben“), steigert sich unter „Tränen der Kälte“ in ein Flehen. Er appelliert an die Barmherzigkeit und verspricht spätere Bezahlung (254: „aber nicht gleich“). Er liefert somit keine ersichtlichen Gründe, ihm die Hilfe zu verwehren; der Kohlenhändler erkennt seine Stimme sogar vorübergehend als „alte Kundschaft“ (253) wieder. Auch begleitet das Bittgesuch des Ich-Erzählers ein **Barmherzigkeitssignal**: Die Kirchenglocken läuten bei der im geschäftlichen Sinne enttäuschenden Meldung des Kübelreiters, er werde „nicht gleich“ bezahlen. Die **Irritation der Ablehnung** besteht in der totalen existenziellen Negierung und Abwertung des Bittstellers, obwohl dieser gesehen wird (253: „Natürlich sieht sie mich gleich“). Es kommt daher gar kein Verkaufsgespräch zustande, da die Frau des Kohlenhändlers behauptet, Kontaktaufnahme und Kaufgesuch des Kübelreiters seien nur „eingebildet[!]“ (253). Sie verneint somit seine Existenz (254: „ich sehe nichts, ich höre nichts“).

Existenzielle Negierung

Im **Schlussbild** jagt die Frau den Ich-Erzähler sogar weg, und er verliert sich, gänzlich haltlos geworden, „auf Nimmerwiedersehn“ in den „Eisgebirgen“ (254). Dies ist die konsequente Erfüllung der von der Frau behaupteten Nichtigkeit des Kübelreiters: Er verschwindet gänzlich in der Kälte der Einsamkeit.

Deutung: Metapher des Ausgeliefertseins des Menschen

Soziales Angewiesensein als Farce

Verallgemeinert man die Zusammenhänge der Erzählung, so ist eine mögliche Deutung, dass der Mensch zwar auf seine Mitmenschen angewiesen ist, dass aber die Bedürfnisbefriedigung durch die materiellen und sozialen Verhältnisse in der Gesellschaft nicht verlässlich ist. Die zahlreichen Brüche des Selbstwertgefühls des Kübelreiters, die Fantasie seines Kübelritts an sich machen aus diesem sozialen Angewiesensein sogar eine Farce, eine Täuschung. Die Ablehnung des Kohlengesuchs ist konsequent, da die Metapher des Kübelritts die ganze Selbsttäuschung des Ich-Erzählers metaphorisch verdichtet – die Negierung durch die Frau des Kohlenhändlers entlarvt seine Erwartung von Barmherzigkeit als fantastische Vorstellung. Die Frau des Kohlenhändlers kann einfach behaupten, ihn nicht zu sehen, somit scheint es für sie auch keine soziale Verpflichtung zu Hilfe oder Humanität zu geben. Der Ich-Erzähler glaubt dies nur, weil sich subjektive Vorstellung und objektive Realität überlappen. Damit wird die ganze Erzählung zu einem **Bild des existenziellen Ausgeliefertseins des Menschen**.

Im Häuschen Nr. 22 im Prager Goldmachergässchen entstanden im Winter 1916/17 zahlreiche Texte Kafkas, darunter auch *Der Kübelreiter* © ullstein bild – CTK/Martin Sterba

2.6 *Ein Landarzt* (1917)

Inhaltsangabe

Das fehlende Pferd

Ein älterer Landarzt (L.) steht nachts in starkem Schneefall vor seinem Hof abfahrbereit, um einen Schwerkranken auf einem zehn Meilen entfernten Gut zu versorgen. Seinem Gespann fehlt jedoch ein Pferd, und niemand leiht seinem im Dorf herumfragenden Dienstmädchen Rosa eines. Aus einem vergessenen Schweinestall kriecht plötzlich ein ihm unbekannter Knecht hervor, mit ihm zwei kräftige Pferde. Er spannt die Pferde an und beißt unerwartet Rosa, die ihm helfen soll, in die Wange. Der L. droht ihm zurückhaltend, steigt aber zur Abfahrt in die Kutsche. Der Knecht weigert sich mitzufahren, Rosa flüchtet vor ihm panisch ins Haus. Der L. verweigert die Abfahrt, der Knecht jedoch jagt den Wagen davon und bricht ins Haus des L.s ein. Unwillkürlich fortgerissen ist der L. im nächsten Augenblick überrascht, unter ruhigem Mondlicht schon am Hof des Kranken zu stehen. Angehörige bringen den L. hinein und umringen erwartungsvoll das Krankenbett. Der L. untersucht den Jungen, der ihm zuflüstert, sterben zu wollen. Die Pferde schauen zum Fenster herein, der L. denkt an die Umstände seiner Abreise. Der Junge ist offenkundig gesund. Der L. denkt an seinen undankbaren Beruf und an Rosa, die nun ein Opfer des Knechts wird; er fragt sich, wie er sie retten könnte. Als er Anstalten macht zu gehen, da er unnötig gerufen worden ist und Rosa ihn braucht, sind die Angehörigen enttäuscht. Der L. begutachtet den Jungen ihnen zuliebe ein zweites Mal. Jetzt findet er eine wurmzerfressene todbringende Wunde in der Hüftgegend des Jungen. Familie und hereinkommende Gäste freuen sich derweil, den L. in Aktion zu sehen, und der Junge wünscht sich nun schluchzend, vom L. gerettet zu werden. Der L. seufzt über die Leute, die einen Arzt dem Pfarrer vorziehen. Die Dorfbewohner erpressen bei Todesandrohung

Der Junge mit der Wunde

singend vom L. eine Heilung, entkleiden ihn, legen ihn selbst ins Krankenbett zu dem Jungen und verlassen die Stube. Der Kranke klagt unzufrieden über den Arzt und über seine Wunde. Der L. lobt dagegen die Wunde, und der Kranke stirbt beruhigt. Der L. hofft auf eine schnelle Fahrt zurück, springt unbekleidet aus dem Fenster auf eines seiner Pferde. Doch nur schleppend trottet das Gespann durch den Schnee zurück. Im Dorf klingt Gesang nach, der L. bilanziert klagend seinen Misserfolg, fühlt sich betrogen und treibt in der Kälte umher.

Die schleppende Flucht zurück

Aufbau

Die Figur des alten Landarztes berichtet das Geschehen als personaler Ich-Erzähler in einem subjektiv deutlich eingeschränkten, retrospektiv chronologischen Ereignisbericht, ausgehend wohl von seiner gegenwärtigen Situation (237: Umhertreiben im Schnee). Eingefügt sind zeitlich gedehnte Bewusstseinsströme und Reflexionen, auch Figurendialoge. Das Tempus wechselt zwischen Präteritum und Präsens. Das erzählte Geschehen ist zweiteilig organisiert:

→ Ein **erster Großabschnitt** behandelt die Vorkommnisse am Hof des Landarztes: verhinderter Aufbruch (231), Erscheinen des Knechts und zweier Pferde (231 f.), Rosas Schicksal (232); einen sprunghaften **Übergang** bildet die Reise (232: Abfahrt und Ankunft).

→ Ein **zweiter Großabschnitt** ist der Hauptteil und thematisiert die Ereignisse am Hof des Kranken: erste Untersuchung (233), Reflexion der undankbaren Lage (234), zweite Untersuchung und Entdeckung der tödlichen Wunde des Jungen (234 f.), das Glück der Familie (235), Bedrohung, Entkleidung und Zu-Bett-Legung (235 f.), Sterbedialog mit dem Kranken (236), Flucht, Umhertreiben im Schnee (236 f.).

Analyse und Deutungsansatz: psychoanalytisch

Formalästhetische Auffälligkeiten

Das Ich des Landarztes steht im Zentrum

Trotz einer offen festzustellenden, von Figuren getragenen und auf konkreten Ereignissen beruhenden Handlung wird durch die **Erzählweise** dieses Textes auf das Innere der Landarzt-Figur verwiesen und dem Leser diese Innerlichkeit direkt zugänglich gemacht – kurz gesagt: Es geht um ein „Ich": Diese Personalform gewährleistet die unmittelbare Gegenüberstellung zwischen Leser und Erzähler. Die eingeschränkte personale Perspektive hält den Leser im Erzählerbewusstsein. Der Tempuswechsel zum Präsens mindert die Distanz zwischen Geschehen und Leser, die Bewusstseinsströme signalisieren nahezu direkt versprachlichte Gedanken (231: „natürlich, wer leiht jetzt sein Pferd"). Der **Satzbaustil** weist viele parataktische Strukturen auf, Einschübe, Voran- und Nachstellungen, in Gedankenstrichen oft unvermittelte Gedanken oder Wahrnehmungen parallel zum unmittelbar Erlebten (234: „– ach, jetzt wiehern beide Pferde"), eine tempoerhöhende Interpunktion durch Semikolons und Kommas. Absätze fehlen, der ganze Textblock ist nur durch die abgesetzten Liedzeilen unterbrochen. Es handelt sich im Erzählerbericht um schnelles reflexives Erleben. Im Ganzen markiert die Erzählweise schon formal den Bereich der menschlichen Psyche als ein Erfolg versprechendes Feld für zu interpretierende Sinnaussagen. Letztlich darf unterstellt werden: Im Text sind nicht objektive, auf die äußeren Weltverhältnisse verweisende, sondern **psychische, subjektive Wahrheiten vorrangig** formuliert.

Tempoerhöhende Interpunktion

Strukturen der Handlung

Konflikt als Kern

Kern der Handlung ist der Konflikt des Ich-Erzählers, als Landarzt trotz seiner privaten Verluste (237: „in meinem Haus wütet der ekle Pferdeknecht; Rosa ist sein Opfer") für die Dorfbevölkerung einen jungen Patienten versorgen zu müssen, der ihm zunächst als gesund erscheint, dann nach der zweiten Untersuchung als bereits unheilbar verwundet. Das **Schicksal** des Arztes endet im Schneegestöber zwischen den Orten der Erzählung, wo der Ich-Erzähler flüchtend herumirrt. In dem **Schlussbild** ist damit auch die an sich widersprüchliche Dimension des Grundkonflikts personal figuriert: ein flüchtender Landarzt – ein auf zwischenmenschliche Hilfe beruflich festgelegter Mensch auf der Flucht vor ebendiesen Menschen.

Fluchtbewegungen

Die Handlung folgt den **Bewegungen und Wechseln der Hauptfigur**: In das Festsitzen des Ich-Erzählers auf seinem eigenen Hof kommt durch den Pferdeknecht eine Wechselbewegung, die Abfahrt – oder besser gesagt das Davontreiben – Richtung Patient. Am Hof des Kranken folgen mehrere Annäherungen und Abwendungen im Wechsel gegenüber dem Krankenbett, bis der Ich-Erzähler schließlich selbst in dieses hineingelegt wird und wieder wechselt in die letzte Fluchtbewegung, die über das Textende hinaus fortdauert. Manche der Bewegungen laufen fremdgesteuert am Ich-Erzähler ab: der zum Dorf fortgerissene Wagen zu Beginn (232), der Transport zum Krankenbett (232: „man hebt mich"), die Beilegung zum Kranken (236: „nehmen sie mich beim Kopf und bei den Füßen"), das Umhertreiben im Schnee (237) zum Schluss. Diese Bewegungen und Wechsel können als **Zerrissenheit und Fremdsteuerung des Landarztes** gedeutet werden, als ein Hin- und Hertreiben und Getriebenwerden. Das irreale Erscheinen einiger Bewegungen deutet darauf hin, dass die Handlung Eigenheiten einer Traumlogik aufweist,

Eigenheiten einer Traumlogik

→ z. B. unvermutet abrupte Vorkommnisse (231 f.: Auftauchen eines Pferdeknechts aus einem „seit Jahren unbenützten Schweinestall" sowie dessen plötzlicher Angriff auf Rosa; 234: die plötzlich gefundene Wunde),

- die widersprüchliche Reise zum zehn Meilen entfernten Dorf in „einem Augenblick" (232),
- irreal oder grotesk wirkende Erscheinungen (231: das „Hervorkriechen" aus dem Stall; 233 f.: die Umstände im Krankenzimmer mit Pferden, die „durch ein Fenster den Kopf stecken" und wiehern),
- die inszenierte Grenzenlosigkeit des „Umhertreibens" am Ende (237: „Niemals komme ich so nach Hause").

Literarische Inszenierung psychischer Prozesse

Diese dominierende, gestalterische Rolle der Psyche für die Handlung benennt der Erzähler in einem seiner Gedankengänge zu Rosas Schicksal selber: „Ich muss es mir mit Spitzfindigkeiten aushilfsweise in meinem Kopf irgendwie zurechtlegen" (234). Dies deutet wie schon die Erzählweise auch auf der Ebene der Handlung darauf hin: Der *Landarzt* ist eine literarische Inszenierung psychischer Prozesse. Es erscheint daher eine Untersuchungsmaxime zweckmäßig, nach der die gezeigten Bilder in psychologische Wahrheiten übersetzt werden.

Die Figur des Ich-Erzählers

Der Landarzt

Träger der Handlung ist der Landarzt als Ich-Erzähler. Sein **Berufsstand** mit dem sozialen Hintergrund der Verpflichtung zur medizinischen Hilfe ist gleichzeitig handlungsantreibender Impuls und Teil des Grundkonflikts: des Zerrissenseins zwischen eigenem Hof sowie Schicksal seines Dienstmädchens und der Versorgung des Kranken.

Der Ich-Erzähler macht keine innere Entwicklung durch. So ist z. B. sein **Selbstbild** durchgängig von Enttäuschung, Klage und Kränkung bestimmt: Er sieht sich als überbeanspruchter, „schlecht bezahlt(er)" Bezirksangestellter, der sich wegen seiner Freigiebigkeit und Hilfe für die Armen nichts vorzuwerfen hat. Er ist gewöhnt daran, „unnötig bemüht" (234) zu werden, und fühlt sich vom

Bezirk gemartert. Seine **Haltung zur Situation** ist entsprechend seiner Selbsteinschätzung geprägt von Gekränktsein, Zynismus und Zurückhaltung: Er denkt „lästernd" über die Überflüssigkeit der Untersuchung (233), hält die Patientenfamilie für beschränkt (233: „enge[r] Denkkreis"), sieht sich nicht als „Weltverbesserer" (234) und lässt den Patienten zunächst unbehandelt. Dann klagt er darüber, von ihm verlangen die Leute „immer das Unmögliche", obwohl er sich ihnen „nicht angeboten" habe (235). Er fühlt sich am Ende gar schuldlos „betrogen" (237). Aus diesen Stellen kann man ersehen, dass der Landarzt an ein Fremdverschulden seiner misslichen Lage glaubt und ein Ausgeliefert-Sein empfindet. Sogar die „Götter" macht er verantwortlich (233: „In solchen Fällen helfen die Götter"). Neben der – berufsmäßig aufgetragenen – Versorgung des Patienten als **von ihm erwarteten Verhalten** (vgl. Dialog mit dem Kranken, 236: „Nun bin ich aber Arzt") gibt sich der Landarzt noch ein privates Ziel: die Sorge für Rosa (234). Diese Sorge korrespondiert mit seiner positiven **Haltung zu seinem Privathaushalt und zu Rosa**: „dieses schöne Mädchen, das jahrelang, von mir kaum beachtet, in meinem Hause lebte" (234). Am Schluss erhofft er sich eine Rückkehr in sein Bett (236).

Glaube an Fremdverschulden

Psychoanalytische Deutung

Für eine psychologische, genauer gesagt psychoanalytische Interpretation ist es zentral, die Sichtweisen des Landarztes zu überprüfen und zu objektiven Aussagen über **Schuld und Unschuld** des Landarztes an seinem schicksalhaften Konflikt zu gelangen. Für seine Unschuld scheint oberflächlich vor allem das **Verhalten des Pferdeknechts und der Pferde** zu sprechen. Dem vom Erzähler gewählten Traummodus und der oben formulierten Untersuchungsmaxime entsprechend, sind Knecht und Pferde als Bilder für das Ich bzw. das Unbewusste des Ich-Erzählers zu deuten. Dies stützt der Text: Das plötzliche Auftauchen aus dem „unbenützten" Schweinestall gleicht einem Auftauchen aus dem

Unbekannten, Unbewussten (231: „Man weiß nicht, was für Dinge man im eigenen Haus vorrätig hat"). Auch die „trübe Stalllaterne" und das Hervorkriechen deuten darauf hin; der „Stall" ist Teil des Landarzt-Hofes, Teil des Ich-Erzählers; die „Schweine" verweisen auf eine Sphäre des Tierischen, Niederen, Primitiven, womöglich Sexuellen; der Knecht benimmt sich dementsprechend wie „Vieh" (232), nennt die Pferde „Bruder" und „Schwester". Der Knecht und die Pferde repräsentieren psychische Kräfte bzw. Triebe des Landarztes, keine äußeren Zufallsimpulse. Der Landarzt treibt sich selbst zu seinem nächtlichen Einsatz und setzt sein Privateigentum – sein Ich – aufs Spiel. Die Pferde als „mächtige flankenstarke" innerpsychische Kräfte oder Triebe (231) treten dem Landarzt an einer Schlüsselstelle der Weiterentwicklung seines Traumes ins Bewusstsein: beim **Auffinden der „rosa Wunde"**. Die Pferde „wiehern" durch das Fenster und sollen „wohl, höhern Orts angeordnet, die Untersuchung erleichtern" (234). Prompt findet der Landarzt die tödliche Wunde, die man als Symbol der sozialen Zufriedenstellung der Familie deuten kann (235: „die Familie ist glücklich"). Die Wunde ist keine wirkliche, äußere schicksalhafte Gegebenheit. Der Landarzt erfindet die Wunde, treibt sich selbst in seine soziale Verantwortung. Anhand dieser Beispiele kann eine **Selbst-Verursachung seiner Lage** durch den Landarzt angenommen und dessen Verantwortlichkeit diskutiert werden.

Auftauchen aus dem Unbewussten

Deutung: verdrängtes Ungenügen

Der Ich-Erzähler erträumt sich die eigene Unverantwortlichkeit seiner zwischen privatem Glück und sozialer Aufgabe zerrissenen und getriebenen Identität – so viel ist analytisch bisher festzustellen. Die dafür sprechenden symbolischen Bilder hängen mit dem Wort „rosa" zusammen: Das Dienstmädchen Rosa steht für (ungelebtes, aber mögliches) privates Glück des Landarztes, die „rosa

Zwischen privatem Glück und sozialer Aufgabe

Wunde" für die von ihm als Arzt zu leistende soziale Aufgabe. Der Erzähler stellt jedoch in beiden Bereichen des Privaten und Öffentlichen überspitzt sein Ungenügen dar, seine „Fehlleistung"[21]: Rosa wird von ihm geopfert (234: „Opfer"), als „Kaufpreis" der sozialen Leistung „hin(ge)geben" (232). Der Patient erwartet immer das Gegensätzliche des Möglichen von ihm (233: „lass mich sterben", 235: „Wirst du mich retten?"), die Wunde ist übermäßig schlimm gestaltet und wird vom Landarzt selbst bewundert (235: „Blume"). Die Dorfbevölkerung erwartet in bedrohlich singender Form die Heilung des Jungen und droht dem Arzt mit Mord (235: „Und heilt er nicht, so tötet ihn!"). Alle diese gestalterischen Maßnahmen, die der Ich-Erzähler selbst traumhaft vornimmt, zeigen die Unmöglichkeit zufriedenstellender Leistung an, die mit dem larmoyanten Selbstbild des Landarztes korrespondiert und sein Selbstmitleid unterstützt.

Fehlleistung des Arztes

Dem Landarzt sind die Opfer, die er bringt, bewusst: Rosa (234: „dieses Opfer ist zu groß"), der Verlust der „blühende(n) Praxis" an einen ihn bestehlenden, nutzlosen „Nachfolger" (237) – der viehische Knecht? – usw. Die Erzählung des Landarztes kann damit als inszenierte große Verdrängung dieses Ungenügens gewertet werden, auf die der Landarzt, als Erzähler dieses Traums, selbst verweist (234: „Spitzfindigkeiten [...] in meinem Kopf [...] zurechtlegen"). Auf eine Verdrängung verweisen insbesondere die **abgebildeten Bewusstseinsebenen**: Die reflexiven Abschnitte und Gedanken, in denen der Landarzt klagt und rechtfertigt, angezeigt durch Interjektionen: „– ja, was erwartet denn das Volk?" (234), diese Ebene ist die des bewussten Ichs. Das Unbewusste spielt sich dagegen in Form von Erlebnissen ab, die die Verstrickung des Landarztes in sein eigenes Schicksal deutlich machen. Für diese

Inszenierte Verdrängung

21 Vgl. die Auffassung als „Geschichte einer Fehlleistung" von Neumann in: Binder, Bd. 2, S. 344.

Verdrängung spricht auch, dass der Landarzt bewusst mehrmals eine höhere „göttliche" Fügung für seine Misslichkeiten verantwortlich macht, der Text aber genau in die entgegengesetzte Richtung, das animalisch-sexuelle Unbewusste, deutet.

2.7 *Schakale und Araber* (1917)

Inhaltsangabe

Der von den Schakalen erwartete Europäer

Ein Europäer (E.) lagert nachts mit einer Karawane von Arabern in einer Oase und versucht abseits zu schlafen. Er wird aber heimlich von Schakalen aufgesucht und vom ältesten angesprochen. Dieser klärt den E. auf, er sei schon seit Ewigkeiten von allen Schakalen erwartet worden, auf den Verstandesmenschen aus dem Norden richteten sich alle Hoffnungen der Schakale, die ihn den Tiere-fressenden Arabern vorziehen. Die Schakale fürchteten die Araber nicht, seien unter sie verstoßen worden und müssten nun mit Blut den uralten Streit beenden. Dem E., der es für unmöglich hält, dass die Schakale alle Araber umbringen könnten, wird erklärt, nicht die Schakale selbst würden die Araber töten, es sei ihnen zu unrein, ihre Natur sei eher die Flucht. Zwei junge Tiere beißen währenddessen – aus Respekt, wie es heißt – in die Kleidung des E., hindern ihn am Aufstehen, der Älteste klagt über das Gebiss als einzig mögliches Handlungsorgan aller Schakale. Er bittet den E., den Streit mit den Arabern zu beenden; Frieden, Reinheit und Ruhe vor den schmutzigen Arabern sei in der Welt nötig, darum müsse der E. mit einer Schere die Araber töten. Eine kleine rostige Schere wird von einem der Schakale gebracht. In dem Moment verjagt der Araberführer die Schakale mit der Peitsche und klärt nun seinerseits den E. über die unsinnige Hoffnung der narrenhaften Tiere auf, die seit Ewigkeiten jedem Europäer diese Schere anböten. Doch sie würden von den Arabern als ihre Hunde geliebt. Die Araber werfen nun den Schakalen ein verendetes Kamel vor, willenlos geben diese sich dem Kadaver hin. Der Araber peitscht sie weg, doch Blut und Fleisch locken sie wieder heran. Der Araber nennt dies ihren Beruf und hält sie und ihren Hass für wunderbar.

Aufbau

Zweiteilige Organisation

Die Figur des Europäers berichtet das Geschehen als personaler Ich-Erzähler in einem zumeist szenischen, chronologischen Ereignisbericht im Präteritum mit viel Figurenrede, in Kafka-typischer Manier subjektiv eingeschränkt durch die interpretierende Beobachterposition des Europäers. Das erzählte Geschehen ist durch die Gesprächspartner zweiteilig organisiert:

Nach einer knappen **Einleitung** (Lager in der Oase [255]) berichtet ein **erster Abschnitt** vom Gespräch mit dem ältesten Schakal: Begrüßung, E. als Hoffnungsträger (255), unglückliche Lage unter den Arabern (255 f.), der Plan, sie zu töten (256), das Beißen und die Bedeutung des Gebisses (257), die Tötungsaufforderung an den E. (257).

Ein **zweiter Abschnitt** zeigt die Behandlung der Schakale durch die Araber: das Verjagen, die „unsinnige Hoffnung" (258), die Verlockung durch den Kamelkadaver (258), das Wegpeitschen und Schlusswort von den „wunderbare(n) Tiere(n)", deren Hass Bewunderung hervorruft (258 f.).

Analyse und Deutungsansatz: religionskritisch

Formalästhetische Auffälligkeiten

Scheinbar neutraler Beobachter

Der Ich-Erzähler berichtet in **distanziertem Stil** eines scheinbar neutralen, interpretierenden Beobachters (255: „einer […] drängte sich […] eng an mich, als brauche er meine Wärme"), ähnlich wie im Bericht der *Strafkolonie* (vgl. dazu S. 44 ff. dieser Erläuterung). Es fallen überdies **traumlogische Gestaltungen** wie im *Landarzt* auf (vgl. S. 80 f. dieser Erläuterung), die inhaltlich zur Ausgangsposition des Reisenden passen (255: „ich wollte schlafen"), z. B. die hastige Interpunktion durch Semikolons oder die unlogisch schnelle Überwindung von Entfernungen (255: „war plötzlich nah"). Diese Mittel haben doppelte Signalwirkung: Sie verweisen auf die Subjektivität des Reisenden und auf Uneigentlichkeit der Erzählung. Diese ist daher im übertragenen Sinne zu verstehen. Die tendenzielle Subjektivität eines Träumenden wird auch durch die Erzählform der 1. Person unterstützt, steht aber im klaren **Widerspruch** zum beobachtenden Stil und zur Rolle des Reisenden, der damit zwischen Einbildung und neutraler Beobachtung steht.

Hoch und niedrig

Formal auffällig ist auch die Gegenüberstellung von Erhabenem und Niedrigem: Bei den Schakalen fällt ein formel- und floskelhafter Gebrauch von Wörtern auf mit mythisch überhöhender Wirkung: Sie sprechen von „Hoffnung“, „unendlichem Warten“, der „Mutter aller Schakale“, vom „Glauben“, von „Weltgeschichte“; zuletzt kulminiert im „Klageton“ der vorgetragenen „Bitte“ die hochgestochene, aber stellenweise auch nach formelhafter Erhabenheit klingende Dimension der Erzählung (257: „o Herr, darum o teuerer Herr, mit Hilfe deiner alles vermögenden Hände“). Demgegenüber stehen die Sinneswahrnehmungen des Reisenden, die auf eine Sphäre des Gewöhnlichen, Natürlichen zeigen: der „bittere Geruch“ aus den „offenen Mäulern“ der Schakale, deren Angewiesensein auf das „Gebiss“, das Aussaugen des Kamelkadavers (258: „wie eine kleine rasende Pumpe“), die Blutlachen usw. Dabei können die Sinneswahrnehmungen als ironische Brechungen des nur rhetorisch behaupteten Erhabenen angesehen werden. Auch die unterschiedlichen **Auffassungen von der Art der Begegnung** zwischen Schakal und Reisendem stehen in dieser Gegenüberstellung: Der Schakal sieht es als erfülltes Schicksal, der Reisende betont seine Verwunderung und die Zufälligkeit – göttlicher Plan steht gegen Belanglosigkeit.

Göttlicher Plan oder Belanglosigkeit?

Strukturen der Handlung

Im **Aufbau der Gesamthandlung** fällt eine entwertende **Opposition** der beiden Abschnitte auf: Der kontrolliert und gebildet vorgetragenen, mythisch überhöhten, scheinbar einzigartigen ehrenvollen Bitte der Schakale an einen Auserwählten ihrer überlieferten Prophezeiungen steht der Spott des Araberführers über die zur Routine gewordene „unsinnige Hoffnung" von „Narren" gegenüber sowie die Verführung der Schakale mittels eines Kadavers, die sie als gierige, triebgesteuerte und blutrünstige Aasfresser entlarvt. Diese Gegenüberstellung wird verstärkt und aufklärerisch in eine Hierarchie gebracht durch die semantische Opposition von Glauben und Sehen in den Imperativen jeweils des Schakals („Glaube es!") und des Arabers (258: „Sieh nur"). Der Erzähler will das sichtbar niedere, instinktgesteuerte und abschreckende Verhalten der Schakale als Wirklichkeit vorstellen.

Glauben versus Sehen

Rolle des Reisenden

Der Reisende hat in seinem **Beobachterstatus** Ähnlichkeit mit dem „europäischen Forschungsreisenden" aus der *Strafkolonie* (vgl. S. 52 f. dieser Erläuterung). Er ist „Europäer" (258), Europa und der Reisende werden von den Schakalen mit „Verstand" assoziiert. Der Reisende beansprucht Neutralität und Zurückhaltung fremden Verhältnissen gegenüber (256: „ich maße mir kein Urteil an"). Er wird außerdem, gleich dem Reisenden der *Strafkolonie*, mit gewaltsamen Szenen konfrontiert (Fressen des Kamels, Auspeitschung der Schakale), und er greift nur zögerlich ein, erst am Ende (259: „ich fasste seinen Arm"). Die Araber sehen den Reisenden in dieser Beobachterfunktion und messen ihm eine gewisse Autorität bei (vgl. das Einlenken des Araberführers nach dem Armgriff des Reisenden: „Du hast Recht, Herr"). Daneben erhält der Reisende durch die Schakale die **Rolle eines auserwählten**

Europäer

Ritualmörders bzw. Erlösers zugesprochen und wird von ihnen deutlich überhöht: „Wir warten unendlich lange auf dich" (255), „du edles Herz", „o Herr" (257). Er soll die Araber mit einer Schere töten und damit den Schakalen „Reinheit" und „Frieden" wiederbringen.

Deutung: Selbsttäuschungen des Judentums

In der Forschung werden dieser Erzählung Kafkas einhellig **Anspielungen auf das Judentum** zugeschrieben: Der Mythos vom Messias verweist zwar auf christliche **und** jüdische Traditionen, die Reihe von Anwärtern auf diese Rolle (258: „Jedem Europäer wird sie angeboten") zeigt aber nur auf das Judentum, das auch falsche Auserwählte kennt.[22] Die Schakale leben außerdem in einer Art Diaspora, sie sind unter die Araber „verstoßen" (256) und müssen nach deren Gesetzen leben – wohl eine Anspielung auf die jüdische Diaspora. Weiterhin drücken die Schakale sehr deutlich und differenziert ihre Abneigung gegen Unreinheit, Schmutz und Körperlichkeit der Araber aus: „Schmutz ist ihr Weiß", „ein Grauen ist ihr Bart", „in der Achselhöhle die Hölle" (257). Dies ließe sich als literarische Gestaltung wie auch Karikatur jüdischer Reinheitsvorstellungen und Speisegesetze deuten. Die Topografie passt ebenfalls zu dieser Zuordnung: Araber lebten und leben noch auf dem Territorium des von der jüdischen Zionismus-Bewegung geplanten Staates Palästina um 1900.

Jüdische Diaspora

Die religiös-kulturellen Anspielungen dienen offenbar einer **(Selbst-)Kritik Kafkas am Judentum**. Mit der Ritualvorstellung der Schakale durch eine völlig untaugliche, „kleine, mit altem Rost bedeckte Nähschere" muss auch die jüdische Erlösungshoffnung als absurd angesehen werden. Das entwertete Schicksal der

---

22 Vgl. dazu Engel/Auerochs, S. 232.

Schakale entlarvt offenbar die jüdischen Vorstellungen von einer höheren Bestimmung als Selbsttäuschung. Dies betrifft auch den Anspruch auf Reinheit (257: Leertrinken von Getier), der aufgrund der eigenen Natur nicht eingehalten werden kann.

Selbsttäuschungen

2.8 *Eine kaiserliche Botschaft* (1917)

Inhaltsangabe

Ein Kaiser liegt im Sterbebett seines Palastes, flüstert einem Boten eine Botschaft für einen seiner Untertanen zu und lässt sie sich vor den vielen umherstehenden Zeugen von dem Boten bestätigen. Der Bote bahnt sich zunächst leicht und rasch, mit dem Zeichen des Kaisers, der Sonne, auf der Brust, den Weg durch die vollen Palastgemächer. Doch nehmen diese Gemächer kein Ende und hindern ihn immer mehr auf seinem Weg. Daher ist irgendwann abzusehen, dass er niemals beim Empfänger der Botschaft – dem Du des Textes, dem Einzelnen, dem Untertan – ankommen wird. Denn außerhalb der Gemächer erstrecken sich noch Treppen, Höfe, immer weitere Paläste und die vollgefüllte Residenzstadt, und während der Bote des Kaisers immer weiter geht, ohne je anzukommen, ist der Kaiser bereits tot. So kann sich der Empfänger den Inhalt der allein für ihn bestimmten Botschaft nur erträumen.

Empfänger bleibt nur Traum der Botschaft

Aufbau

Drei Zeit- und zwei Wirklichkeitsebenen

Ein eigenständiger personaler Erzähler berichtet in wechselnder Haltung die Geschehnisse im Sinne des Untertanen in 2. und 3. Person weitgehend chronologisch auf drei Zeitebenen (Perfekt, Präsens, Futur) und in zwei Wirklichkeitsebenen (Indikativ, Konjunktiv). Das erzählte Geschehen folgt inhaltlich dem (möglichen) Weg der kaiserlichen Botschaft, sieht je nach Hinblick aber verschiedenteilig organisiert aus:

→ Dem **Zeit- und Wirklichkeitsbezug** nach handelt ein **erster Abschnitt** von den Ereignissen am kaiserlichen Sterbebett, die schon stattgefunden haben: Abfertigung des Boten (Indikativ Perfekt) (277: „Der Kaiser [...] auf den Weg gemacht"). Auffallend ist die Unsicherheit des Erzählers, ob das Ereignis überhaupt den Tatsachen entspricht (277: „so heißt es").

→ Ein **zweiter Abschnitt** zeigt die gegenwärtige Aktivität des Boten: das Sich-seinen-Weg-durch-Palastgemächer-Bahnen (Indikativ Präsens) (277: „ein kräftiger [...] Gemächer des innersten Palastes").

→ Ein **dritter Abschnitt** zeigt eine Projektion in die Zukunft und ins Reich der Möglichkeiten: die Undurchdringbarkeit von Palast und Stadt (Konjunktiv Präteritum, teils auch Indikativ Futur/Präsens) (277 f.: „niemals wird er [...] Botschaft eines Toten"). Der letzte Satz ist ein **Nachhang zum zweiten Abschnitt**, er zeigt die Gegenwart des Untertanen: sein Traum am Fenster als Ersatz für die Botschaft (Indikativ Präsens) (278).

Der **Erzählhaltung** nach ist in einem **ersten Abschnitt** eine optimistisch-feierliche Unterstützung von Kaiser und Botschaft formuliert, dann erfolgt ein **Umschlag** (277: „Aber die Menge ist so groß [...]"): Der **zweite Abschnitt** zeigt eine pessimistisch-verzweifelte Absage an den Erfolg des Boten.

Analyse und Deutungsansatz: Diagnose politischer Identität

Figuren, Erzähler und zentrales Bildmotiv

Oppositionelle Struktur

Eine zentrale formalästhetische Auffälligkeit der Erzählung ist die der oppositionellen Struktur. Sie drückt Distanzierung aus und bestimmt die inhaltliche Aussage.

Der Kaiser

Die Mittel der Distanzierung in Gegenüberstellungen sind folgende: Die **Figuren** sind gegensätzlich versinnbildlicht. Der **Kaiser** ist alt und liegt im Sterben (277: „Sterbebett"), wird aber als noch mächtig und autoritär dargestellt (vgl. das „Kopfnicken", die zahllosen Untertanen, die Bezeichnung des Herrschaftsbereichs als „Reich"). Er steht außerdem am Anfang der Erzählung. Bezieht man die Erzählhaltung mit ein, sind die Bezeichnungen des Einzelnen zu Beginn Ausdruck der Sichtweise des Kaisers (277: „Dir,

Der Einzelne

[...] dem jämmerlichen Untertan") und unterstützen den herablassenden Charakter des Kaisers. Demgegenüber ist der **Einzelne** am Ende als einsamer, sehnsüchtiger Träumer am Fenster sitzend vorgestellt. Kaiser und einzelner Untertan bilden zwei gegenüberliegende Pole.

Daneben vollzieht die **Haltung des Erzählers** den oben gekennzeichneten Umschlag. Er spricht zunächst affirmativ im Sinne des Kaisers und drückt die Wichtigkeit der Botschaft für den Einzelnen aus, ihre auch den Einzelnen aufwertende Bedeutung (277: „so sehr war ihm an ihr gelegen"). Auch das Vorankommen des Boten sieht zunächst positiv und Erfolg versprechend aus (277: „kommt auch leicht vorwärts"). Nach dem Umschlag allerdings drückt der Erzähler Zweifel am Erfolg des Boten aus (277: „nutzlos müht er sich ab"). Die **Stellung des Erzählers** kann somit als die eines Doppelagenten aufgefasst werden: Er spricht zuerst im offiziellen Sinne des Kaisers, dann in der subjektiven Erwartungshaltung des einzelnen Untertanen, der den Glauben daran verloren hat, dass ihn die Botschaft je erreichen wird, und sie sich bzw. ihren Inhalt daher erträumen muss.

Erzähler als Doppelagent

In der Bildsprache bestimmt das **Motiv der hierarchischen Topographie** das Vorankommen des Boten. Dieser müsste eine unendliche Anzahl an „Gemächern", „Treppen", „Höfen" und „Palästen" überwinden, um zum Empfänger zu gelangen – ein Bild von zum Scheitern verurteilter Kommunikation also. *Eine kaiserliche Botschaft* kehrt somit die Situation der Parabel *Vor dem Gesetz* um: In beiden Fällen verunmöglicht die unendliche Anzahl an Hindernissen das Erreichen eines nur für einen Einzelnen bestimmten Zieles. Während aber in *Vor dem Gesetz* der Einzelne nicht von außen ins Innere, zum Gesetz, gelangen kann, so in der *Kaiserlichen Botschaft* die Botschaft aus dem Inneren nicht zu dem sich außerhalb befindlichen Individuum.

Aussage über staatliche und private Identität

Kafkas kurze Erzählung *Eine kaiserliche Botschaft* kann politisch gelesen werden und damit als ein Bild der Entfremdung zwischen Individuum und Staat. Die Botschaft als Kommunikationsversuch zwischen Obrigkeit und Untertan symbolisiert die Möglichkeit einer Verbundenheit, eines Austausches, einer Sinnübermittlung. Doch zeigt ihre misslingende Übermittlung den Bruch an zwischen einzelnem Staatsbürger und Staat.[23]

Kommunikationsversuch zwischen Obrigkeit und Untertan

23 Realhistorisch sei an den Tod des greisen österreichischen Kaisers Franz Joseph I. im Jahr 1916, mitten im Ersten Weltkrieg, erinnert – nach einer Regierungszeit von fast 68 Jahren für seine Untertanen, auch für Kafka, das Ende einer Epoche.

2.9 *Die Sorge des Hausvaters* (1917)

Inhaltsangabe

„Odradek“

Ein Ich-Erzähler denkt über das Wort „Odradek“ nach und verwirft mögliche slawische oder deutsche Bedeutungen, da er keinen Sinn in dem Wort finden kann. Er denkt nur deshalb über das Wort nach, weil es ein Wesen, das so heißt, in der Realität gibt: Es gleicht äußerlich einer sternförmigen Zwirnspule mit heruntergekommenen, vielfarbigen Fäden, die mit Hilfe zweier Stäbchen aufrecht stehen kann. Dem äußeren Anschein nach ist das Gebilde der sinnlos gewordene Teil eines zerbrochenen Ganzen. Doch scheint dies nicht der Fall zu sein, wie der Ich-Erzähler vermutet, dem das Gebilde als in sich abgeschlossen erscheint, auch ist es sehr beweglich. Es ist nicht zu fangen und wandert im ganzen Haus wie auch in den Nachbarhäusern umher. Bei Begegnungen lässt sich das Gebilde ansprechen wie ein Kind, nennt seinen Namen („Odradek“) und behauptet, keinen bestimmten Wohnsitz zu haben. Sein Lachen klingt wie das Rascheln fallender Blätter. Der Ich-Erzähler fragt sich, ob Odradek als scheinbar zweckloses Wesen sterben könne oder noch den Nachkommen der Erzählers vor die Füße die Treppe hinabkullern werde. Dass ihn das Gebilde überleben könnte, ist für den Ich-Erzähler ein schmerzlicher Gedanke.

Aufbau

Verstehensversuche

Die Figur des Vaters spricht über den Gegenstand ihrer Rede, Odradek, als personaler **Ich-Erzähler** mit einer distanziert sachlichen bis latent ablehnenden Haltung in einem aus Reflexionen, Beschreibungen und Figurenrede zusammengesetzten, durch fehlende Einzelereignisse zeitlich unbestimmten Erzählerbericht. **Hauptthema** der Erzählung ist das „Wesen“ (312) Odradek. Eine Art Konflikt bilden die schon im Titel angedeuteten sorgenvollen Versuche des Hausvaters, Odradek zu verstehen.

- Ein **erster Abschnitt** besteht aus einem abstrakten Redethema, die sprachliche Herleitung von Odradek.
- Ab dem **zweiten Abschnitt** (die Beschreibung des Gebildes und seines Verhaltens) beginnt eine konkrete Vergegenwärtigung Odradeks als fiktionales Objekt.
- **Dritter** und **vierter Abschnitt** behandeln die scheinbare Sinnlosigkeit und die Aufenthaltsorte Odradeks.
- Der **fünfte Abschnitt** nennt ein typisches Hausflurgespräch zwischen Vater und Odradek.
- Der **sechste Abschnitt** zeigt die Zukunftssorgen des Vaters.

Analyse und Deutungsansatz: väterliche Lieblosigkeit

Die Haltung des Hausvaters

Die „Studien" des Hausvaters

Der Titel weist den Ich-Erzähler als „Hausvater" aus. Er vermittelt den **Eindruck von Objektivität**. Der Erzählweise nach ist die Figur des Odradek aber dem Leser nicht an sich zugänglich, d. h. nicht objektiv bestimmbar, sondern nur über die Beschreibungen des Hausvaters – also nur in der Subjektivität des Erzählers. Sachliche Objektivität wird durch den Erzähler als Ausdruck einer subjektiven Haltung inszeniert. Setzt man eine kohärente Erzählweise voraus, zeigt sich vom Ende her (313: „Die Vorstellung [...] ist mir eine fast schmerzliche"), dass die vom Hausvater als allgemeine „Studien" (312) vorangestellten Betrachtungen eigentlich seine persönlichen Ansichten sind.

Diese Haltung ist durch **Distanz und Rationalität** bestimmt, den Wirkungen der suggerierten Objektivität. Der Erzähler zeigt dies durch seinen Umgang mit Odradek: Er will ihn mittels wissenschaftlicher Anschauung und Methodik begreifen. Erst diskutiert er die Etymologie des Wortes Odradek, aber in distanzierter, indirekter Rede, als persönlich unbeteiligt (312: „Die einen sagen"). Danach untersucht er das „Wesen" Odradek empirisch in

Inszenierung wissenschaftlicher Distanz

seinem Erscheinungsbild. Hier zeigt sich seine Nicht-Beteiligung durch die unpersönliche Erzählform („es", „man"). Weitergehend bemüht er sich um hypothetische Erklärungen für Odradeks Herkunft, ein typischen Verfahren der Naturwissenschaften (312: „nur zerbrochen"). Schlussendlich folgen noch experimentelle Beobachtungen (312: „beweglich und nicht zu fangen") und direkte Versuche (313: „Lust, ihn anzusprechen"). Mit all diesen Mitteln beweist der Hausvater sein **umfassendes Unverständnis** für Odradek und gestaltet es überdies, als subjektiver Erzähler, mit: Ergebnis der Sprachbetrachtung ist die Sinnlosigkeit des Wortes „Odradek" (312: „keiner von ihnen [kann] einen Sinn des Wortes finden"). Danach wird diese Sinnlosigkeit auf das Wesen übertragen (312: „wirklich ein Wesen"), das sinnlose Wort ist damit ein sinnloser Name geworden, und implizit wird Odradek auch schon als sinnloses Wesen charakterisiert. Das **zentrale Bild der Zwirnspule** ist als Konkretion des Unverständnisses des Hausvaters zu lesen. Mit dem fragilen, differenzierten, verwirrenden und auch negativ belegten Gegenstand (312: abgerissen, alt, verfitzt) drückt der Ich-Erzähler die scheinbare Sinnlosigkeit und auch seine latente Abneigung aus.

Überheblichkeit und Angst des Hausvaters

In der Haltung des Hausvaters findet sich aber auch Überheblichkeit und Angst: Odradek steht ihm in seiner „Winzigkeit" (313) gegenüber, er fragt ihn „wie ein Kind" (313). Am Ende ist seine Sorge um Odradeks Tod keine mitfühlende, sondern Folge einer persönlichen Beunruhigung (313: „Kann er denn sterben?"). Die Angst des Hausvaters gründet in der möglichen Weiterexistenz Odradeks (313: „Vorstellung, dass er mich auch noch überleben sollte, ist mir eine fast schmerzliche"). In dieser Haltung steckt eine gewisse Selbstsucht und Eitelkeit des Hausvaters gegenüber Odradek.

Verweise auf Familie

Häusliche Vorgänge

Der Verweis auf das **Umfeld der Familie** ist ernst zu nehmen und nicht bloß als variable Metapher zu lesen. Nach dem Titelsignal des „Hausvaters" geht es zur Hälfte der Erzählung um häusliche, familiäre Vorgänge: Bewegungen auf dem Dachboden, im Treppenhaus, im Flur; das Gespräch wie mit einem Kind am Treppengeländer; vor allem aber der Verweis auf die „Kinder und Kindeskinder" (313) des Hausvaters rückt Odradek in einen familiären Zusammenhang. Außerdem sind die Untersuchungen des Hausvaters als **Karikatur typischer Elternerfahrungen** im Verlauf von Geburt und Aufwachsen eines Kindes zu lesen: Namensfindung, Beobachtung des Aussehens und Laufenlernens (312: „wie auf zwei Beinen aufrecht stehen"), einen Beruf finden (312: „zweckmäßige Form"), zu Hause ausziehen (312: „wohl in andere Häuser über[ge]siedelt"). Auch sind **Merkmale des Kindlichen** an Odradek erkennbar wie sein lachendes Sprechverhalten (313: „Unbestimmter Wohnsitz").

Ausdruck einer väterlichen Lieblosigkeit

Unliebevoller väterlicher Blick

Fasst man die zentralen Bedeutungsträger der *Sorge des Hausvaters* zusammen, zeigt die Erzählung ein Kind, das im un-liebevollen Blick des Vaters bis zur Unkenntlichkeit verkommt: Die gefühlskalte, rationale, überheblich selbstsüchtige Einstellung dieses Vaters seinem „Sorgenkind" gegenüber reduziert es zu einem anscheinend zwecklosen Ding. Gleichzeitig deutet die Geschichte damit auch die **Bindung von (kindlicher) Identität an das Geliebt-Werden** an: Für eine Identifizierung Odradeks bzw. eines Kindes reicht rational-überhebliches Erforschen, Erklären und Verstehen nicht aus, im Gegenteil: Diese Verhaltensweisen führen zu Identitätsverlust. Das rätselhafte Wesen Odradek kann demnach nur durch das gegenteilige Verhalten verstanden werden: durch Liebe.

Kafkas letzte Schaffensphase 1920–1924

Die *Kleine Fabel* schreibt Kafka im Oktober 1920, sie fällt in die Zeit von Kafkas unglücklicher Beziehung zu Milena Jesenská (Erstdruck postum 1931 in dem von Max Brod herausgegebenen Sammelband *Beim Bau der Chinesischen Mauer*). Die Entstehung des *Hungerkünstlers* fällt erneut in eine Schaffenskrise während eines Romanprojekts (*Das Schloss*); Kafka schrieb die Erzählung im Mai 1922, bei bereits schwindender Gesundheit (Erstdruck im selben Jahr in einer Zeitschrift). Weitere Texte entstehen in dieser Zeit: *Von den Gleichnissen* im Oktober/November 1922 (Erstdruck postum 1931 ebenfalls in dem Band *Beim Bau der Chinesischen Mauer*), das Stück *Ein Kommentar* im November/Dezember 1922 (Erstdruck postum 1936 in dem von Max Brod herausgegebenen Sammelband *Beschreibung eines Kampfes*). Die längere Erzählung *Josefine, die Sängerin oder Das Volk der Mäuse* entstand im März/April 1924, Kafkas Sterbejahr, und fällt in die Zeit mit Dora Diamant in Berlin, als Kafka längst schwer krank war (Erstdruck noch im April 1924 in einer Zeitung).

2.10 *Kleine Fabel* (1920) und *Ein Kommentar [Gib's auf!*[24]*]* (1922)

Inhaltsangaben

Kleine Fabel: Eine Maus klagt in einer wörtlichen Rede darüber, wie ihr die Welt immer enger wird: Während ihr zunächst die Größe der Welt Angst gemacht und der Anblick von Mauern in der Ferne daher Glück bereitet hat, so sind diese Mauern so schnell aufeinander zugelaufen, dass sich die Maus nun im letzten Zimmer befindet und auf die im Winkel stehende Falle zuläuft. Eine Katze empfiehlt der Maus, einfach die Laufrichtung zu ändern, und frisst die Maus.

„Du musst nur die Laufrichtung ändern"

Ein Kommentar: Eine Person befindet sich früh morgens in einer leeren Stadt unterwegs zum Bahnhof. Durch eine Turmuhr erkennt sie ihre Verspätung, läuft los, verirrt sich. Sie fragt erwartungsvoll einen Schutzmann nach dem Weg. Dieser rät ihr aufzugeben und wendet sich lachend ab.

Aufbau

Kleine Fabel: Der Kurzprosatext ist in einer verschachtelten Struktur erzählt. Ein neutraler Erzähler stellt im Präteritum in nur neun Wörtern ein **Rahmengeschehen** dar: die Äußerungsakte der Tierfiguren (die Lauferlebnisse der Maus, der Rat der Katze) und das Gefressenwerden der Maus. In der **Binnenerzählung** schildert die Figur der Maus als Ich-Erzähler in Kafka-typischer Erzählersubjektivität ausgehend von einem gegenwärtigen Empfinden (349: enger werdende Welt) ihre Erlebnisse chronologisch zunächst im Präteritum, dann im Präsens, zuletzt im futuristischen Präsens (349: „die Falle, in die ich laufe.").

Verschachtelte Struktur

---

24 Der Titel *Gib's auf* stammt von Max Brod, im Manuskript findet sich dagegen als Titel *Ein Kommentar.*

Verirrung in Phasen

Ein Kommentar: Die Figur des Verirrten berichtet als personaler Ich-Erzähler das Geschehen in einem subjektiven, chronologischen Erzählerbericht im Präteritum mit kurzem Figurendialog. Der Verlauf des Hauptgeschehens, die Verirrung, ist trotz der Kürze einteilbar in Phasen: **Phase 1** zeigt das anfängliche Unterwegs-Sein des Erzählers zum Bahnhof (1. Satz), **Phase 2** die Verirrung vor Schreck (2. Satz: bis „... noch nicht sehr gut aus", 422), **Phase 3** die Ansprache des Schutzmanns (bis „... nicht finden kann.", 422), **Phase 4** dessen Abwendung.

Analyse und Deutungsansatz: Ausweglosigkeit

Gemeinsamkeiten der Handlungen

Unsicherer Lauf einer Figur

Beide Erzählungen zeigen im wörtlichen Sinne den Lauf einer Figur in eine **unsichere Situation**: Die Maus gerät zwangsläufig auf ihrem Weg in eine Falle (349: „im Winkel steht die Falle"), der Ich-Erzähler des *Kommentars* (folgend einfach Fußgänger genannt) verläuft sich in einer unbekannten Stadt (422: „im Weg unsicher") und findet nicht zum Bahnhof. Maus und Fußgänger zeigen damit den gleichen Mangel: Orientierung. Für beide wird ein vorheriges positives Sicherheitsgefühl explizit oder implizit vorgestellt: Die Maus war „glücklich" (349) über die sichtbaren Mauern, der Fußgänger ist mit „rein(en) und leer(en)" (422) Straßen konfrontiert und kennt anscheinend den Weg (422: „ich ging zum Bahnhof"). Für beide Figuren endet ihr Lauf in einem **Scheitern**: Die Maus wird von der Katze gefressen, der Fußgänger demotiviert (422: „Gibs auf"), abgewiesen („wandte sich [...] ab") und ausgelacht („mit ihrem Lachen allein sein").

Verlorenes Sicherheitsgefühl

Grund ihres Scheiterns ist in beiden Fällen die **Konfrontation mit einer mächtigeren Figur**: Die Katze ist physisch und in ihrer Gattung als typischer Mäusefeind der Maus überlegen, auch hat sie den scheinbar rettenden Tipp parat, also einen Wissensvorsprung.

Der Schutzmann ist Repräsentant staatlicher Obrigkeit mit Gewaltmonopol und könnte helfen, da auch er einen Wissensvorsprung an Ortskenntnis haben müsste. Beide Kontrahenten reagieren aber zynisch: Die Katze berät erst und tötet dann, der Schutzmann verspottet den Fußgänger und führt seine eigene Funktion ad absurdum. Außerdem ähneln sich die Welten, in denen sich die Figuren verlaufen: Es sind menschengemachte gemauerte Umgebungen.

Ähnliche Welten

Unterschiede: existenzielle vs. gewöhnliche Ausweglosigkeit

Die **Bedrohungslage** der Figuren ist aber unterschiedlich: Die Maus ist existenziell bedroht: durch die Falle und durch die Katze. Auch kommt sie aus einem Zustand der „Angst" vor der „breiten Welt" und beginnt mit einer Klage: „Ach (...)" (alle 349). Die Bedrohung des Fußgängers ist dagegen vergleichsweise harmlos, ihm droht nur ein Zuspätkommen am Bahnhof. Damit ist auch das Scheitern für die Maus ungleich schlimmer als für den Fußgänger.

Zwanghafte Maus, freier Fußgänger

Ebenfalls unterschiedlich ist der **Grad an Freiheit**: Die Maus verhält sich zwanghaft, läuft trotz der wissentlichen Gefahr (349: „ich lief weiter", „ich laufe") weiter. Der Fußgänger entscheidet sich frei, zum Schutzmann zu laufen (422: „ich lief zu ihm"). Auch die **Verhältnisse zwischen Hilfesuchendem und überlegenem „Helfer"** sind unterschiedlich: Während es geradezu die Funktion eines Schutzmannes sein sollte, Hilfe zu leisten, der Fußgänger somit das Naheliegende tut, indem er sich an einen Schutzmann wendet, erscheint es eher ungewöhnlich, um nicht zu sagen, dumm von einer Maus, ausgerechnet eine Katze um Rat zu fragen.

Fasst man die Figuren sinnbildlich auf, stehen sie metaphorisch und formalästhetisch für die Opposition von einerseits existenzieller, andererseits gewöhnlicher Ausweglosigkeit des Menschen: Die Maus deutet auf Kleinheit, Unterworfensein; der Fußgänger verbildlicht damit zumindest gegenüber der Maus ein Mehr an Souveränität.

2.11 *Ein Hungerkünstler* (1922)

Inhaltsangabe

Ein ehrlicher Künstler

Der Erzähler berichtet zunächst von den erfolgreichen Vorführungen eines Hungerkünstlers (H.) in vergangenen Zeiten. Täglich haben ganze Stadtbevölkerungen den abgemagerten, höflich in sich versunkenen H. in seinem Käfig verfolgt. Wächter haben auf sein korrektes Hungern geachtet, manche wohlwollend nachlässig, andere aufmerksamer. Der auf seine Berufsehre bedachte H. ist jedoch stets bestrebt gewesen, falsche Verdächtigungen, er würde heimlich essen, auszuräumen. Das Publikum hat ihm nie geglaubt, wie leicht er das Hungern empfunden hat, und ihn für angeberisch gehalten. Aus dieser Unzufriedenheit ist er immer mehr abgemagert und hat freiwillig mit dem Hungern gar nicht aufhören wollen. Sein Impresario hat jedoch stets nach vierzig Tagen feierlich die Käfigöffnung inszeniert, und zwar deshalb, weil spätestens nach dieser Zeit erfahrungsgemäß das Interesse an der Vorführung abzuflauen beginnt. Der H. hat sich stets gefragt, warum das Publikum nicht länger hat warten wollen, und sich geweigert aufzuhören. Der Impresario hat ihn jedes Mal herausheben müssen, Damen haben den Willenlosen durch die Menge des Festsaales geführt, ohnmächtig hat er etwas Essen bekommen, zur Zufriedenheit des Publikums. Der H. aber ist mit den Jahren immer missmutiger geworden über die für ihn ehrlosen Zwangsabbrüche seiner Kunst, Momente des Bedauertwerdens von Seiten des Publikums hat er in seinem Käfig mit Wutausbrüchen beantwortet. Der Impresario hat nach solchen Ausbrüchen als Strafe stets Fotos von ihm im Krankenbett verkauft, zum Beweis, dass die Wut nur auf das Hungern zurückzuführen sei, und hat damit die Grenzen seiner Kunst belegt, weshalb sich der H. noch unverstandener gefühlt hat.

Abbruch wider Willen

Jahre später, nach einem Umschwung, bleibt das Publikum aber mehr und mehr aus, da es sich immer weniger für die Hungerkunst interessiert. Ein Zirkus nimmt nun den erfolgsverwöhnten H. in seinen Reihen auf. Dieser will nun durch seine Kunst neues Erstaunen auslösen. Doch muss er seiner Tätigkeit nun als bloße Pausenattraktion in der Nähe der Tierställe nachgehen und wird von den Besuchern nur noch im gedrängten Vorbeigehen wahrgenommen. Der H. erkennt langsam seinen Stellenwert als uninteressantes Relikt vergangener Zeiten, wagt jedoch nicht, Kritik an seinem ungebührlichen Standort bei den Ställen zu üben, der die Besucher gegen seine Gefühle unempfindlich mache. Sie sehen ihn mit der Zeit nur noch als lästiges Hindernis und ignorieren ihn schließlich ganz, während er dabei ist, seine Kunst zu neuer Vollendung zu führen. Der Zirkus lässt seinen Käfig verkommen, seine Kunst gilt als Schwindel, und der H. fühlt sich betrogen. Nach einiger Zeit entdeckt ein Aufseher den noch immer hungernden Künstler im faulenden Stroh. Dieser gesteht schwach flüsternd, er habe nie Bewunderung gewollt, er hungere zwangsweise, da er für sich nie ein passendes Essen gefunden habe. Der Aufseher verlangt Ordnung, und man begräbt den H. zusammen mit dem Stroh und nutzt den Käfig für einen gesunden jungen Panther. Dieser frisst lebensfroh und fesselt fortan das Publikum.

Abstieg zur Pausenattraktion

Aufbau

Die Geschehnisse im *Hungerkünstler* schildert ein personaler **Erzähler** in Kafka-typischer Subjektivität, gebunden an den eingeschränkten Blickwinkel des H.s (359: „merkwürdigerweise"), aber zu eigenständiger Wertung fähig, auf den ersten Blick auch in Distanz zur Sicht seiner Hauptfigur (365: „der verwöhnte Hungerkünstler"). Die **Erzählweise** ist weitgehend bestimmt durch einen distanziert verallgemeinernden, chronologisch gerafften Erzählerbericht

Von der Figur distanzierter Erzähler

im Präteritum, der im Ganzen als Retrospektive auf ein „Damals" (359) von einer unbestimmten Erzählergegenwart ausgeht (359: „heute", 365: „jetzt"), durchzogen von erlebter Rede, Kommentaren, näheren Ereignisschilderungen, am Ende auch von Figurendialog. Das zugrundeliegende Gesamtgeschehen ist zweiteilig organisiert:

Vor dem „Umschwung" und danach

→ Ein **erster Großabschnitt** (359–365) behandelt zeitlich frühere „Jahrzehnte" (359), inhaltlich die Karriere des H.s als Einzelattraktion. Binnenthemen dieses Abschnitts sind das Besucherinteresse am H. (359), die Wächter (359–361), die Selbstunzufriedenheit des H.s (361), das Fest des vierzigsten Tages (361–364), der Wutausbruch des H.s (364 f.).
→ Ein **zweiter Großabschnitt** (365–369) behandelt zeitlich „ein paar Jahre später" (365), inhaltlich den Niedergang des H.s als Zirkusattraktion. Binnenthemen sind der „Umschwung" (365), das Zirkusengagement (365 f.), das Verhalten der Stallbesucher (366 f.), die Standortkritik des H.s (367), Geltungsverlust und Verfall (368), Wiederauffindung und Selbsterkenntnis des H.s (368 f.), der Panther (369).

Aspekte einer Analyse

Eigenarten der Erzählweise

Stellenweise bietet der Erzähler im *Hungerkünstler* die Gedanken der Hauptfigur in erlebter Rede und Präsens fast direkt dar, z. B. in den rhetorischen Fragen: „Warum gerade jetzt nach vierzig Tagen aufhören?" (362) Diese **Preisgabe annähernd unmittelbarer Innerlichkeit** signalisiert dem Leser eine verstärkte Aufforderung zur Teilnahme an den Befindlichkeiten des H.s und kann als Einladung des Erzählers zu einer Identifikationsbemühung gegenüber der Hauptfigur verstanden werden. Es geht um Aufhebung der Distanz zwischen Leser und Figur. Hier zeigt sich eine affirmative, unterstützende Haltung des Erzählers gegenüber dem H.

Einladung zur Identifikation

Abwendung vom Protagonisten

Eine zweite Eigentümlichkeit der Erzählweise liegt in der **scheinbaren Abwendung des Erzählers am Schluss**, als er die Ersetzung des H.s durch einen Panther berichtet. Hier wendet sich der Erzähler in seinen direkten und indirekten Kommentaren scheinbar gegen den H., lässt die Diener „Ordnung" machen, nennt diese Maßnahme eine „fühlbare Erholung", spricht vom „lange öden Käfig", bescheinigt dem Panther, „ihm fehlte nichts", und schildert offensichtlich begeistert die nun zur Schau gestellte „Freiheit" und „Freude am Leben" (alle 369). Unterstellt man eine kohärente, schlüssige Erzählperspektive der **Einsinnigkeit zwischen Erzähler und Hauptfigur**, ist diese Abwendung als Gefühl des H.s zu lesen, welches hier über sein Begräbnis hinaus vermittelt und dem damit eine größere Dimension und Aussagekraft zugesprochen wird. Es handelt sich demnach um eine Form der Abwendung von sich selbst, eine Selbstverachtung, die zum vorherigen Dialog passen würde: Hier bittet der H. um Verzeihung und erscheint mit gebrochenem Selbstwertgefühl (369: „nicht mehr stolze Überzeugung").

Verallgemeinernder Stil

Eine dritte Auffälligkeit der Erzählweise ist der verallgemeinernde Stil. Es geht nahezu in der ganzen Erzählung um Beispiele: ein typischer Verlauf einer Hungervorführung, der übliche Verlauf des vierzigsten Tages, auch der geschilderte Wutausbruch kommt immer dann vor, „wenn sich einmal ein Gutmütiger fand, der ihn bedauerte" (364). Markierung dieser Allgemeinheit ist oft das **Adverb „immer"**. Einzigartige, unwiederbringliche Vorkommnisse werden außer am Schluss nicht erzählt. Das lässt vermuten, der Erzähler habe den Anspruch, allgemeinen Sinn, größere bedeutungsvolle Zusammenhänge abzubilden. Nicht einmal der H. selber ist als Individuum konzipiert: Die Erzählung beginnt mit ihm als Gattung (359: „Interesse an Hungerkünstlern") und nennt ihn danach im Singular und mit bestimmtem Artikel („dem Hungerkünstler") – Individualität fehlt ebenso wie ein Name; der H. erscheint als lediglich hervorgehobener Gruppenvertreter. Damit geht es auch nicht nur um das Schicksal eines speziellen H., sondern der Gruppe dieser Künstler.

Struktur der Gesamthandlung

Äußere Handlung

Der Erzählerbericht zeigt formal an, dass neben einer äußeren, ereignisbasierten Handlung auch eine innere, auf die Innerlichkeit der Hauptfigur eingehende Handlung vorliegt. Die äußere Handlung verfolgt den etappenweisen **Karriereniedergang des H.s.** Maßstab der Handlungsspannung ist das zu Beginn proleptisch, also vorgreifend, angemerkte zurückgegangene Interesse an Hungerkünstlern (359). Damit ist auch der regressive Charakter des Handlungsaufbaus beschrieben: Er zeigt keinen Fortschritt, sondern einen Rückgang, einen Verfall. Etappen dieses Niedergangs sind demnach die Stadien des Interessenverlustes:

Stadien des Interessenverlustes

(1) die einstige Beschäftigung einer ganzen Stadt mit dem H. (359) inklusive der stellvertretend durch die Wächter versinnbildlichten Verdächtigungen;

(2) die Vollendung der „Höchstzeit" am „vierzigsten Tage" (362 f.), die der Erzähler als Routine erzählt und schon das „Versagen des Publikums" darstellt am Beispiel der „totenbleich gewordenen Damen" (363), dem Ablenken der Aufmerksamkeit vom H. während des Essens, dem Auseinandergehen des Publikums (364);

(3) die Existenz als Pausenattraktion beim Zirkus, nicht als „Glanznummer", sondern als Ausstellungsstück „in der Nähe der Stallungen" (366) – hier degeneriert der H. in einer Binnenentwicklung zum „immer kleiner werdenden Hindernis" des Publikums (368) auf dem Weg zu ihrem eigentlichen Ziel, den Tieren. Letztendlich wird er vergessen (368: „man ging

an ihm vorüber", wird „überdrüssig"). Letzte Etappe ist seine Wiederentdeckung durch den Aufseher, die allerdings mit herablassendem Spott begleitet wird (369: der Aufseher „legte den Finger an die Stirn"), sein respektloses Begräbnis und seine Ersetzung durch den Panther.

Innere Handlung

Die innere Handlung ist bestimmt durch zunehmende Frustration und Selbsterkenntnis des Hungerkünstlers in folgenden Stationen:

(1) der Ärger über die „lax(en)" Wächter (360: „nichts war dem Hungerkünstler quälender") und die Freude über die, „welche sich eng zum Gitter setzten";

Zunehmende Selbsterkenntnis

(2) die Reflexion über die „Unzufriedenheit mit sich selbst", da das Hungern „leicht war" (361);

(3) die Beraubung des Ruhmes am Tag der Käfigöffnung (362), „immer nur er" ist unzufrieden (364);

(4) der „Wutausbruch" und der Ärger über die Fotos (364: das „war ihm zu viel");

(5) die Hoffnung, im Zirkus „die Welt in berechtigtes Erstaunen (zu) setzen" (366);

(6) die Kränkung, von „Stallbesucher(n)" als bloße „Laune" angesehen zu werden und „genau genommen, nur ein Hindernis" zu sein (367);

(7) die Erkenntnis der „dümmsten Lüge" und des Betruges der Welt (368);

(8) schließlich die Selbsterkenntnis, nicht bewundert werden zu wollen, sondern gar nicht anders zu können als zu hungern aufgrund fehlenden passenden Essens, und der „gebrochene" Stolz (369).

Wutausbruch als Höhepunkt und Peripetie

Höhepunkt und Peripetie beider Handlungsstränge bildet der Wutausbruch: Hier wehrt sich der H. handgreiflich und wird ein einziges Mal physisch tätig. Daher ist es möglich, eine Art **steigende Handlung** bis zu diesem Punkt zu vertreten, da der Wille zum Widerstand auch physischen Ausdruck findet (vgl. auch 362, sein Verhalten bei der Käfigöffnung: „in diesem Augenblick wehrte er sich immer"). Der Erzähler schreibt ihm überdies, nach der Strafaktion durch die Fotos, die Erfahrung des sinnlosen Kämpfens zu. Fortan bleibt der H. nur noch passiv und reagiert in Gedanken. Die letzten Entwicklungen können als **fallende Handlung** gesehen werden.

Der Hungerkünstler und seine Kunstausübung

Zur Individualität des Hungerkünstlers

Der H. ergibt ein unscharfes Bild zwischen personaler und allgemeiner Identität. Er ist trotz des verallgemeinernden Erzählstils als Individuum markiert, denn er soll nach eigener Vermutung „der größte Hungerkünstler aller Zeiten" sein (362). Seine Identität ist also verknüpft mit seiner Hungerkunst. Allerdings hat er keinen Personennamen und scheint aus Sicht des Erzählers stellvertretend für die Gruppe aller Hungerkünstler zu stehen. Daraus ergibt sich schon formalästhetisch der **Grundkonflikt** der Erzählung, der in einem Daseinsproblem des H.s zu bestehen scheint und nicht auf entscheidende Handlungen bezogen ist: Die Hauptfigur als Mensch lebt in unklarer Identität und Existenz zwischen äußerer Gesellschaft und innerer Befindlichkeit – ein Problem der Vereinbarkeit des ‚Für-Sich-Seins' und ‚Für-Andere-Seins' (Neumann)[25].

Für-Sich-Sein versus Für-Andere-Sein

Das **Erscheinungsbild** des H.s repräsentiert diesen Daseinskonflikt: „bleich", befühlbare „Magerkeit" mit „mächtig vortretenden Rippen", „fast geschlossenen Augen" (359), „Knochenarme(n)" (362) – so ist in ihm auf metaphorische Weise Lebensschwäche signalisiert. Auffällig auch das **Marionettenbild am „vierzigsten Tag"**: Er wird vom Impresario aufrecht getragen, der „Kopf lag auf der Brust" wie „hingerollt", der „Leib (...) ausgehöhlt", Beine

25 Vgl. Neumann, S. 413.

und Oberkörper schwanken „unbeherrscht hin und her" (alle 363). Dass er wie eine Puppe behandelt wird, verweist auf die Fremdbestimmung des H.s durch die Publikumsmenge, die äußere Gesellschaft. Am Ende ist er fast gar nicht mehr zu sehen im verfaulten Stroh, muss „mit Stangen" aufgerührt werden (368) – sein völliges Verschwinden wird damit schon angekündigt.

Fremdbestimmung

Sein **Bezug zum Hungern** ist ein paradoxer und so intensiver, „fanatisch ergeben(er)" (365), dass der H. in existenzieller Abhängigkeit von der Ausübung dieses Hungerns verstanden werden muss: Am vierzigsten Tag bekommt er Essen eingeflößt (363), um ihn wieder zu kräftigen – so das Ansinnen des Publikums. Doch der Erzähler erklärt dies zur eigentlichen Ursache für die Entkräftung des H.s nach einer Hungerperiode (vgl. 364: „entnervende Verdrehung der Wahrheit"). Essen gefährdet ihn, Hungern hält ihn am Leben – eine antithetische Vertauschung der normalen Verhältnisse. So wird für ihn das Hungern zur einzig nur möglichen Lebensform (369: „ich kann nicht anders"). Dafür spricht auch die „Eigenart dieser im zunehmenden Alter nicht abnehmenden Kunst" (366), denn essen muss jeder Mensch – so muss der H. hungern. Der **Aspekt der „Kunst"** tritt konsequenterweise zurück, wird deutlich gebrochen, das Hungern als Kunstform explizit entwertet, banalisiert und auf das Hungern an sich zurückgeworfen: Dem H. ist das Hungern „die leichteste Sache von der Welt" (361). Der Erzähler spricht von dieser Kunst als „Beruf" (365), am Ende reduziert der H. den Wert seiner Kunst auf eine reine Geschmacksfrage (369: „weil ich nicht die Speise finden konnte, die mir schmeckt").

Hungern als einzig mögliche Lebensform

Die Rolle von Publikum und Impresario

Das **Publikum** tritt im *Hungerkünstler* vielgestaltig auf: als Besucherpublikum an den Hungertagen (359: „die ganze Stadt", „jeder", „Kinder" und „Erwachsene"), als „Wächter" in der Nacht, als „begeisterte Zuschauerschaft" und „Damen" am vierzigsten Tag (362), als einzelne „Gutmütige()" (364) oder „Müßiggänger" (368), als „vergnügungssüchtige() Menge" (365), als „Stallbesucher" im Zirkus (367), als ein „Familienvater mit seinen Kindern" (367), als „Aufseher" und deren „Diener" (368). Im Publikum verdichtet sich eine ganze Gesellschaft mit ihren jeweiligen Funktionen und Herausforderungen für den H.: bewundern, bewachen, bemitleiden, bezweifeln, bemerken, vergessen, begraben.

Verschiedene Herausforderungen

Faszination für asketische Leistung versus Faszination für Vitalität

Im Lauf der „Zeiten" stellt sich eine **Haltungsänderung** des Publikums ein, der Erzähler spricht von einem „Umschwung" hin zu einer „Abneigung gegen das Schauhungern" aus unbekannten Gründen (365). Ein **Wechsel der Maßstäbe** liegt vor, nach denen das Publikum sein Interesse für Schaustellungen bemisst: Zunächst ehrt das Publikum in einer Art Wettkampfdenken die Länge der Hungerleistung (vgl. die Tätigkeit der „Wächter"), lässt sich von der hinter Gittern zur Schau gestellten Lebensschwäche nicht abschrecken. Dann jedoch ist es eher das Bild tierischer Lebenskraft und Freiheit, welches das Publikum anzieht, die im **Sinnbild des Panthers** vorgeführt wird (369: „edle[r] Körper, „Freiheit [...] im Gebiss", voll „starker Glut", die Zuschauer „umdrängten den Käfig"). Der vitale Panther ist das diametral antithetische Bild zum schließlich lebendig begrabenen H.

Der Impresario

Mit dem Impresario bringt der Erzähler für den H. noch die Funktion des wirtschaftlichen Vermarktens ins Spiel, wenn er explizit auf früher gut lohnende Vorführungen verweist (359), die Möglichkeiten der „Reklame" anbringt (362) und von Touren durch „halb Europa" spricht (365). Der Erfolg der „Kunst" des H.s unterliegt mit Blick auf den Impresario profitorientiertem Denken.

Das Publikum spielt für den Niedergang des H.s die **Rolle einer antagonistischen, antreibenden Kraft**: Dabei befördert es, neben dem äußeren Niedergang durch Entzug von Bewunderung, auch dessen Erfahrungen und Wissen über die Gesellschaft (364: „Welt des Unverstandes"; 368: „eingeborene Bösartigkeit"), seine Selbsterkenntnis und gebrochenen Stolz (369: „immerfort wollte ich, dass ihr mein Hungern bewundert"). Es findet eine **Wandlung des Publikums im Ansehen des H.s** statt: Erst scheint es mit seiner Bewunderung Ziel und Zweck des Hungernden zu sein, dann deklariert der Erzähler es zur bösen, gleichgültigen „Welt des Unverstandes" (364).

Deutungsansätze: existenzialistisch, kulturkritisch

Aussagen zum Problem subjektiver Identität

Natur statt Kunst

Der *Hungerkünstler* ist weniger als Geschichte einer Künstlerfigur zu werten und damit unter der Annahme darin enthaltener Aussagen zur Kunst zu untersuchen, wie z. B. die Erzählung der *Josefine*. Die vermeintliche Kunst der Hauptfigur ist gar keine, sondern entspricht eher seinem natürlichen Wesen. Der Künstler ist hier im Grunde ein Betrüger, da er als Kunst aufführt, was für ihn normale Lebensäußerung ist. Diese Natur des H.s ist aber eine besondere mit einer dem „normalen" Leben aller Menschen eigentümlich entgegengesetzten Lebensäußerung: dem freiwilligen Hungern. Zusammengesehen mit der formalästhetisch inszenierten Identitätsproblematik erscheint hier Essensverweigerung als „verzweifelter Versuch einer Behauptung der Eigentümlichkeit des Subjekts"[26] gegen das Kollektiv der Gesellschaft.

Verzweifelte Behauptung der Eigentümlichkeit

---

26 Neumann, S. 404.

Verzweifelt ist dieser Versuch, weil das individuelle Subjekt im *Hungerkünstler* seine Eigentümlichkeit mit niemandem teilen kann, sich nicht sozial verwirklichen kann, und dies auch erkennt: „Versuche, jemandem die Hungerkunst zu erklären! Wer es nicht fühlt, dem kann man es nicht begreiflich machen." (368) Die oben besprochenen Stellen annähernd unmittelbarer Innerlichkeit lassen die **verzweifelte Subjektivität** aufscheinen, die **Unvermittelbarkeit des Individuellen in der Gesellschaft**.

Kritik am kulturellen Leitbild der Vitalität

Kritik an Genussorientierung

Das Pantherbild zeigt klar die Neuorientierung des Publikums in der Erzählung und verweist damit, im übertragenen Sinne, auf die neue Vorliebe der Gesellschaft für die Aura des Vitalen, Lebenskräftigen. Wenn der Erzähler hier von „stumpfstem Sinn" spricht, von der Fütterung des Panthers „ohne langes Nachdenken" (369), da es so einfach sei, dann lässt sich hier eine Kritik an dieser Genussorientierung feststellen: Es sind einfache, schlichte, primitive Reize, die der Gesellschaft Freude bereiten. Der „Umschwung" (365), der wie in Kafkas *Strafkolonie* den Prozess der Moderne in ihrer gesellschaftlich-kulturellen Ausprägung um 1920 darstellen und auch eine Anspielung auf veränderte Wertmaßstäbe nach dem Ersten Weltkrieg sein könnte[27], ist geprägt von „stumpfsinnig" primitiven, einfachen Genüssen.

---

27 Erinnert sei an die Hungerwinter 1918/19 und 1919/20 in Österreich, als (unfreiwilliges) Hungern zur allgemeinen Erfahrung wurde.

2.12 *Von den Gleichnissen [„Viele beklagten sich ..."]* (1922)

Inhaltsangabe

Einmal klagen viele Menschen über die Unbrauchbarkeit kluger Worte im Alltag; die Weisen sprächen alles nur als Gleichnis, meinten zum Beispiel statt einer anderen Straßenseite eher ein legendäres Jenseits, dabei sei die andere Straßenseite wenigstens erreichbar. Die Klagenden haben dagegen stets schon vom Unfassbaren gewusst, aber ihre Alltagssorgen seien gänzlich andere. Diesen Klagenden empfiehlt daraufhin jemand, auf Gleichnisse zu hören und so selbst zum Gleichnis zu werden, dies befreie von Alltagssorgen. Einer der Klagenden wettet, auch diese Empfehlung sei ein Gleichnis; er gewinnt die Wette laut dem Empfehlenden in der Wirklichkeit, im Gleichnis aber habe er verloren.

Für Alltag nutzlos?

Aufbau

Eine zu den „vielen" sich Beklagenden gehörende Figur berichtet als kollektiver, personaler und parteiischer Ich-Erzähler im Plural („wir") auf der Seite der „Vielen" (123: „was uns [...] nichts helfen kann") mit einer dem Thema gegenüber kritisch-ablehnenden Haltung von einem nicht im Geschehen verorteten Standort über das Thema „Gleichnisse" und zu dem Ereignis einer „Klage". **Abschnitt 1** ist der Erzählerbericht, genauer eine kurze Anmerkung und parteiische Erläuterung des Ereignisses (die Klage der Vielen), **Abschnitt 2** eine Szene, die das Ereignis der Klage unter Ausschluss der Erzählerreflexionen weiterführt in dialogischer Figurenrede zwischen Vertretern der „Vielen" und der „Weisen".

Zwei Abschnitte

Analyse und Deutungsansatz: Sprachkritik

Positionen der Figuren

Gespräch über Gleichnisse

Dieser Text ist keine Erzählung, sondern zeigt eher ein räsonierendes Gespräch über Gleichnisse, er ist nicht selbst eines. In ihm stehen zwei Meinungen über den Nutzen von gleichnishaftem, uneigentlichem Sprechen gegenüber: **Die „Vielen"** kritisieren dieses Sprechen als nutzlos und selbstbezüglich (423: „wieder nur Gleichnisse"). Ihr **erstes Argument** ist, es helfe nichts im „täglichen Leben" (423). Dabei legen sie einen praktischen Wert der Sprache als Maßstab an. Sprachlich vermitteln sie in der Stimme des Erzählers, der offenbar ihr Repräsentant ist, die Kritik am zentralen Topos des „Gehe hinüber" (423). In der Doppeldeutigkeit dieses Appells der Vertreter des Gleichnisses spitzt sich der Streitpunkt und das Thema zu und wird für den Leser nachvollziehbar. Das Präsens der Argumentation an dieser Stelle unterstützt die Hinwendung zum Leser. Daher ist feststellbar, dass auch die **Haltung des Erzählers** eine kritische ist im Sinne der „Vielen" und dass dem Leser diese Kritik vorrangig zum identifizierenden Mitvollzug angeboten wird. Ein **zweites Argument** trifft die Selbstbezüglichkeit der Gleichnissprache (423: „das Unfassbare unfassbar ist"); sie sei vollständig vom Leben der Menschen getrennt (423: „andere Dinge"). Dieses Argument ist ebenfalls offen nachvollziehbar dargelegt.

„Gehe hinüber"

Die „Weisen" sind nur mittelbar anwesend und argumentativ nicht tätig. **Der „erste"** vertritt eine Art Gegenposition, die aber eigentlich eine ironische Herausforderung und Bestätigung der Klage der „Vielen" darstellt: Er konstruiert ein eigenes Gleichnis in seinem **Vorschlag**, Menschen sollten selbst Gleichnisse werden, das befreie sie von Mühen. Damit agiert er paradox: Er baut eine nützliche Verbindung auf zwischen Gleichnis und Alltag (Befreiung durch Annahme) und gibt dieses Gleichnis als praktischen Tipp an die Kritiker. Wenn sein Tipp helfen würde, wäre die Kritik widerlegt. Die **Wette** jedoch schafft eine Verwirrung, da nicht mehr klar ist, was Wirklichkeit und was Gleichnis sein soll. Eine Aufhellung dieser Verwirrung bietet die Annahme, der „eine" unterstützt insgeheim die Kritik der „Vielen" und will sie beweisen. Sein Tipp nützt nichts, er ist in Wirklichkeit eigentlich ein Gleichnis, daher gewinnt der „zweite" die Wette in der Wirklichkeit.

Was ist Wirklichkeit, was Gleichnis?

Aussage zum Wert gleichnishafter Sprache

Kritik an pragmatischer Sprachauffassung

Eine mögliche Deutung des Textes ist: Der Erzähler gestaltet eine Kritik an der pragmatischen, realitätsbezogenen Sprachauffassung in literarischer Form. Er verknüpft inhaltliche Argumentation mit formaler Aussage zur Verstärkung der Vorwürfe des Unpraktischen und Selbstbezüglichen an die Sprache, so dass der Leser den Kritikern eigentlich beipflichten muss. Durch die Figur des „einen" aber wird ironisch bewiesen: Gleichnissprache soll gar nicht praktisch helfen. Ihre Funktion liegt in dem, was die Form der Erzählung selbst auch bei dem Leser bewirkt: Denkprozesse anstoßen, zur Reflexion bewegen, Kritik initiieren. Gleichnishaftes Sprechen motiviert Verstandestätigkeit, ist eine menschliche Grundbedingung.

2.13 *Josefine, die Sängerin oder Das Volk der Mäuse* (1924)

Inhaltsangabe

Rätselhafte Wirkung

Anerkennung für die Kunst

Zweifler und Schmeichler

Das eigentlich stille, arbeitsame Volk der Mäuse kennt Musik nur durch Darbietungen seiner Sängerin Josefine (J.). Der Erzähler (E.), ein Angehöriger dieses Volkes, hält diesen Gesang jedoch nicht für außerordentlich schön und wundert sich über dessen Wirkung. Da den Mäusen Gesang nur aus sagenhaften Überlieferungen bekannt ist, ähnele J.s Gesang eher dem mäuseüblichen Pfeifen, eine gewöhnliche Fähigkeit, die J. nur feierlich vor Publikum inszeniere. Der E. vergleicht dies mit dem einfachen, doch zur Schau gestellten Knacken einer Nuss und erklärt so die große Bewunderung J.s, da den Mäuse ihr eigenes Pfeifen normalerweise nicht weiter auffalle. Es kommt vor, dass eine Maus J. darauf hinweist, diese reagiert dann mit künstlerischer Verachtung und verleugnet ihr Pfeifen, welches jedoch weiterhin von einer kleinen oppositionellen Gruppe von Mäusen als herkömmliches Mäusepfeifen identifiziert wird. Dennoch lauscht auch diese Opposition still und feierlich, wenn J. pfeift. Im Auditorium hat einmal ein unbedachtes Mäusekind neben J. zu pfeifen begonnen, aber alle Mäuse haben für Ruhe gesorgt, und J. hat ihrer jungen Konkurrentin mit einem steigenden Triumphpfeifen getrotzt. Sie hält das Mäusevolk für unverständig und nutzt jede Störung, um ihrer Kunst Respekt zu verschaffen. Sie schart insbesondere während großer Depressionen die Mäuse um sich und pfeift bis zum Äußersten. Selbst die oppositionellen Zweifler genießen dann den Zusammenhalt aller Mäusegenossen, wenn J. ihre Kunst ausübt. Um diese zu versammeln, reicht es J., gleich an welchem Ort einfach in Gesangspose zu gehen und mit ihrem Gesang zu beginnen. In mühsamen Zeiten wird sie wütend, wenn ihre Hörerschaft trotz Anstrengung zu langsam herbeikommt.

Diese Ergebenheit erläutert der E. als in Wahrheit ernst zu nehmende väterliche Pflicht der Mäuse gegenüber einer kindlichen Schutzbefohlenen. Doch J. verleugnet auch dieses Verhältnis und sieht sich selbst als Fürsorgerin des Volkes. Der E. hält dies für simple Wichtigtuerei, gesteht J.s Gesangsvorstellungen in Notzeiten allerdings eine tröstende, alle Mäuse verbündende Wirkung zu im Sinne einer Volksversammlung, bei der die Stimme J.s Nebensache ist. Um dies zu verschleiern, schmeicheln einige Mäuse J. unentwegt und erhalten so den gemeinnützigen Zweck ihres Gesangs. Diesen versteht der E. als existenzielles Signal der Selbstbehauptung aller Mäuse in einer feindlichen Welt. Eine zweite Verbundenheit der Mäuse mit J.s Gesang leitet der E. aus der mangelnden Kindheit im Mäusevolk ab. Der sorgenvolle Alltag nötige dazu, Mäusekinder wie Erwachsene gleich in den Existenzkampf einzubinden, ihnen eine sorglose Freizeit zu verwehren. Auch strömten endlose Scharen immer neuer Kinder hinzu infolge übermäßiger Fruchtbarkeit. Den Mäusen sei daher eine immerwährende Kindlichkeit eigen. Der E. beschreibt die Mäuse demgegenüber auch als ewige Erwachsene voller unmusikalischer Trägheit. J. entspreche mit ihrem Pfeifen dieser Lebensart und erinnere gleichzeitig an das verlorene Glück der Kindheit. Daher staunen auf ihren Konzerten eher die Jungen, die Menge aber träumt wohlig in sich gekehrt. Der E. sieht darin aber keine Bestätigung für J.s Selbstbild einer fürsorgenden Retterin des Volkes. Die Mäuse besuchen allerdings auch unter feindlicher Gefahr J.s Konzerte immer wieder, sogar trotz einiger Todesfälle, die die Folge von Konzerten waren, da diese unbeabsichtigt die Feinde auf die Mäuse aufmerksam gemacht haben.

Die verweigerte Arbeitsbefreiung

Dennoch fügen sich die Mäuse J.s Willen nicht ganz und gar, und J. stehe, so der E., nicht über der Gemeinschaft. Denn J. bemüht sich seit langem um eine Arbeitsbefreiung, erwartet diese mit Rücksicht auf ihre anstrengenden Höchstleistungen. Das Volk aber weist J.s Forderung stets ungerührt ab. Da J. wie alle Mäuse arbeitsam ist, kämpft sie eigentlich, so unterstellt der E., nicht für Erleichterungen, sondern für künstlerische Anerkennung. Auch dem sonst väterlichen Volk gehe es mit der Abweisung nicht um die Arbeit, sondern darum, dass sich das Volk gegen einen Einzelnen ebenso undurchdringlich abschließen könne, wie es ihm sonst seine väterliche Fürsorge zukommen lässt. J. schrecken diese äußeren Widerstände nicht, sie verschärft den Kampf. Der E. hält dies für logisch, da J. nach höchster Kunst strebe. Neben anderen Mitteln droht J. in diesem Kampf mit der Einschränkung ihrer Koloraturen und kokettiert damit auf den Konzerten, doch das Mäusevolk kümmern diese Ausschmückungen nicht. Auch ihre jüngste Behauptung, sie habe sich den Fuß verletzt, glaubt man ihr so wenig wie andere Zimperlichkeiten, die J. auf jedem Konzert inszeniert. Trotz aller angeblichen Schwächen singt J. dennoch, der E. bemerkt keine Unterschiede, das Volk lauscht weiterhin ehrfürchtig, J. hingegen wirkt hochmütig. J.s letzte Maßnahme ist ihre Weigerung, zu singen, ihr gänzliches Fernbleiben und sogar Verschwinden. Der E. betrauert diese Selbstentmachtung der Sängerin, verweist auf den unbeeindruckten Gleichmut seines Volkes und prophezeit J., als geschichtliche Episode bald vergessen und in der Heldenüberlieferung des Volkes erlöst zu sein.

Das Verschwinden der Sängerin

Aufbau

Sympathisant einer „Opposition"

Die Figur einer einzelnen Maus aus dem Mäusevolk spricht als personaler **Ich-Erzähler** in der Rolle eines nachdenklichen Skeptikers und Sympathisanten einer „Opposition" (475) über Josefine. Damit ist der Leser in den eingeschränkten Horizont der Erzählermaus eingebunden und kann gleich ihr die wahre Natur und Güte des Gesanges nicht begreifen. Die **Erzählweise** ist bestimmt durch eine lange gleichförmig monologische Reflexion der Erzählermaus

(473: „Ich habe oft darüber nachgedacht"), weitgehend im Präsens, stellenweise im Präteritum, ausgehend von der gegenwärtigen Situation aller Mäuse, in der Josefine bereits verschwunden ist (490: „das Neueste aber ist") mit einer Schlussprognose im Futur (491: „Bald wird die Zeit kommen"). Erzählt werden hier nicht einzigartige, chronologisch geordnete Ereignisse, sondern – thematisch sortiert – allgemeine Zustände und Vorgänge sowie Gedanken des Erzählers, die Josefine und das Mäusevolk betreffen. Daher ist eine Gliederung nach Redethemen sinnvoll und in drei großen Teilen möglich:

Gliederung nach Redethemen

- → In einem **ersten einleitenden Großabschnitt** diskutiert der Erzähler das Wesen von Josefines Kunst: das gegensätzliche Verhältnis zur Musik zwischen Josefine und dem Mäusevolk (473), die Auffassung von J.s Gesang als etwas Gewöhnlichem (473 f.), die Identifikation als normales Pfeifen (474), die besondere Wirkung des Pfeifens durch feierliche Inszenierung (474 f.), J.s Reaktionen auf das mäuseübliche Pfeifen (475 f.).
- → In einem **zweiten Großabschnitt als Hauptteil** wird das Verhältnis zwischen Josefine und dem Mäusevolk abgehandelt: J.s Konzertanlässe und Versammlungsbemühungen der Mäuse (477 f.), Ergebenheit der Mäuse und quasi-väterlicher Schutz für J. (478 f.), J.s Selbstverständnis als Retterin des Volkes (479 f.), J.s Gesang als Botschaft in Notlagen (480 f.), die mangelnde Phase der Kindheit und schnelle Reife der Mäuse (482 f.), J.s Gesang als Kindheitserinnerung (484), Gefährdung der Mäuse durch J.s Konzerte (485).
- → Zuletzt erläutert der Erzähler im **dritten, abschließenden Großabschnitt** J.s Kampf um Anerkennung: ihre Forderung einer Arbeitsbefreiung und Ablehnung der Forderung durch das Volk (485–487), J.s Kampf, ihre Drohungen und Täuschungen (488–490), J.s Verschwinden und Vergessen (490 f.).

Aspekte einer Analyse

Eigenarten des Erzählers und seiner Erzählweise

Sprachliche Mittel

Neben der oben festgestellten Eigenart, kein sich chronologisch vollziehendes Geschehen zu berichten, fällt vor allem auf, dass die Erzählermaus in einem **Stil reflexiver Skepsis und mit einer aufklärerischen Haltung** spricht. Dies zeigt sie durch diverse sprachliche Mittel an: erklärende Floskeln, die einen hinterfragenden Tonfall schaffen („übrigens", „ist ja klar", „eigentlich"); Wörter, die rationale, logische Zusammenhänge zwischen einzelnen Redeabschnitten herstellen („aber", „also", „jedenfalls", „ähnlich", „und", „so" u. a.); thesenhafte Aussagen, korrigierende Gegenüberstellungen („manche glauben" – „ich glaube"), eine Rhetorik der Widerlegung von Vermutungen (Konjunktiv + Verneinung „ist nicht so"), Fragen und teilweise auch Antworten, Erläuterungen anhand von Beispielen (vgl. das Nussknacker-Beispiel: 475).

Suche nach Erkenntnis

Dem Erzähler geht es nicht – wie in der Epik üblich – um konkrete Ereignisschilderungen, sondern um gedankliche, klärende und kritische Aussagen zu bestimmten Themen. Sein Anliegen kann als rhetorisch dargebotener, mit literarischen Mitteln (z. B. Figuren) verzierter, letztlich theoretischer Erkenntnisversuch angesehen werden.

Des Weiteren schafft der Erzähler vielfach eine Atmosphäre negativer Verhältnisse, Differenzen und Unsicherheiten: Er häuft Negationen an (z. B. zu Beginn, 473: „Wer sie nicht gehört hat, kennt nicht die Macht des Gesanges. Es gibt niemanden, den ihr Gesang nicht fortreißt [...]"), gebraucht Floskeln und Formeln der Unsicherheit und Unklarheit („vielleicht", „fast", „gewissermaßen"), deutet Vorgänge und Handlungen an mit unklarer Durchführung und unklarem Erfolg (473: Versuch, „Tagessorgen abzuschütteln", 476: „alles [...] kann dazu beitragen", 478: „man kann es sich eingestehn"), spricht in Möglichkeiten und Vorstellungen. Der Erzähler kann das Rätsel der Wirkung von J.s Gesang nicht gänzlich erfassen, ihm sind nur Annäherungen möglich. Diese Erfahrung ewiger Erkenntnisunsicherheit und Wissenslücken inszeniert er sprachlich.

Kein sicheres Wissen möglich

Figur der Josefine

Der Erzähler gibt von J. das **äußere Bild** einer stereotypisch weiblichen, ehrgeizigen, labil-empfindsamen Künstlerin: Sie erscheint als zarte, attraktive und schwächliche Person mit dünner Stimme, einem Hang zum theatralischen Posieren und angestrengter, verbissener Gesangshaltung. In ihrer **Selbstdarstellung** gleicht Josefine dem Charakter einer überheblichen, ignoranten Diva: Sie leugnet jedes angemessene Verständnis ihrer Musik unter den Mäusen (473), distanziert verächtlich ihren Gesang vom gewöhnlichen Mäusepfeifen, verlangt Bewunderung und Fügsamkeit (475 ff.), hält sich durch ihren Gesang für eine Volkströsterin und -retterin (479 ff.), erwartet Sonderrechte (vgl. ab 485: ihr Kampf um Arbeitsbefreiung). Mit dieser Kombination von typisch Divenhaftem und Fürsorge-Gedanken gewinnt J. etwas Unverwechselbares und ist eher als Figurencharakter denn als Typus zu werten.

Überhebliche Diva

Feststellungen des Erzählers relativieren dieses Selbstbild, teilweise kann der Leser über den Erzähler auch hinausgehen und eigenständige Schlüsse anstellen: Im Volk der Mäuse ist J. tatsächlich als Sängerin, Musikliebhaberin und -vermittlerin eine Ausnahmeerscheinung. Der Erzähler betont J.s Einzigartigkeit in Bezug zur Kunst (473). Ihre Kunst entwertet der Erzähler aber als lediglich zur Schau gestellte banale Lebensäußerung (vgl. 476: Vorfall im Auditorium). J. benimmt sich kindisch, sie stampft mit den Füßen (478), will bewundert werden, rebelliert gegen die von allen zu leistende Arbeit. J. darf nicht nur als Heil bringend gelten: Sie stellt mitunter eine tödliche Gefährdung für die anderen Mäuse

Fragwürdiges Selbstbild

dar, wenn sie im falschen Moment zu singen anfängt (485). Die Wirkung ihrer Kunst ist allerdings tatsächlich tröstend, J. wird bewundert und umschmeichelt, aber nur in ihrer sozialen Funktion: Ihre Konzerte solidarisieren, zerstreuen, „befreien" die bedrückten Mäuse-Gemüter (vgl. 480: „vielmehr eine Volksversammlung", auch 484: das „große[] warme[] Bett des Volkes"). Josefine ist mithin eine **tragikomische Figur**: Sie gilt als Künstlerin und verlangt, als eine solche anerkannt und bewundert zu werden, strengt sich bis zum Äußersten an, doch niemand im Mäusevolk vollzieht ihre Kunst nach – sie bleibt unverstanden. Von Freunden oder Gefährten ist keine Rede, nur von unehrlichen Mitläufern („Schmeichler", „Anhang"). J. muss daher als **einsame Person** gelten. Sie begeht die groteske Fehlleistung, den eigentlich zweckgebundenen Wunsch der Mäuse nach der Gemeinschaft ihrer Konzerte als Hang zu ihrer Kunst sehen zu wollen, spricht aber den Mäusen paradoxerweise die Fähigkeit zu echter Anerkennung ab – welche diese in Wirklichkeit ja auch gar nicht ausüben.

Soziale Funktion ihres Gesangs

Das Mäusevolk und sein Verhältnis zu Josefine

Der Erzähler beschreibt den **Volkscharakter** der Mäuse als einen praktischen und strebsamen (473: „praktische Schlauheit"), aber auch schwermütigen (483: „Müdigkeit und Hoffnungslosigkeit"). Eine starke innere Kindlichkeit prägt sie, während sie äußerlich und ihrer Lebenssituation gemäß nahezu von Geburt an Erwachsene sind (483: „unerstorbene, unausrottbare Kindlichkeit", „vorzeitiges Alter"). Als ewig Erwachsene pflegen sie auch eine verständnisvoll-väterliche Beziehung zu J. In diesem **Motiv der Kindlichkeit** und dem damit verbundenen **Vater-Kind-Motiv** erscheint als Wesenskern des Mäusevolkes die Unschuldigkeit. Dies spiegelt sich in der Anekdote vom Vorfall im Auditorium: Das Pfeifen des Kindes „in aller Unschuld" gleicht dem J.s zum Ver-

Unausrottbare Kindlichkeit

wechseln, während die Erwachsenen, nach Zerstreuung ihrer Sorgen suchend, das „törichte[] kleine[] Ding" (476) ruhig stellen. Die Mäuse haben einen unschuldig-kindlichen Volkscharakter, überformt von einem geschäftigen, sorgenvollen Erwachsenendasein. In J. zeigt sich diese Kindlichkeit in unverdeckter, aktiver Weise durch ihr Singen und ihr Verhalten.

Entsprechend erscheint die **Lebenssituation der Mäuse** im **Motiv der ewigen Notlage** geprägt von Arbeit, permanenten Sorgen, Existenzängsten und ständiger Gefährdung durch Feinde (482: „die uns überall bereiteten Gefahren").

Überall Feinde

Ihr **Verhältnis zur Musik** ist konsequenterweise ein distanziertes, geprägt von Unverständnis und auch Gleichgültigkeit (473: „Musik nicht liebt", „ferne Dinge", „Verlangen nach dem Glück" der Musik geschieht nicht und wird nicht sehr beklagt). Musik ist ihnen nur eine tradierte Erinnerung (474: „Gesangsüberlieferungen"), die auch vergessen werden kann (491: „kleine Episode", „bloße Erinnerung"). Die Mäuse können daher J.s Gesang nur als gewöhnliches Pfeifen, als Banalität erfassen (474: „nichts Außerordentliches", „gewöhnliches [...] Pfeifen"), sie hören ihn nie wirklich, kunstverständig und mit voller Würdigung (481: „dieses Nichts an Leistung"). Für die Mäuse besteht keine Verbindung zum „Glück" der Musik.

„Bloße Erinnerung"

Ihre **Beziehung zu J.** ist daher vor allem instrumentell und zweckgebunden: Sie dient ihnen durch ihre Sichtbarkeit, ihre physische Anwesenheit. J. „auch zu sehn" (475) schafft den nützlichen Anlass ihrer „Volksversammlung" und erfüllt J.s soziale Funktion. Daneben hat ihre Stimme tröstende, wohltuende Signalfunktion für jede einzelne Maus „im Tumult der feindlichen Welt", dies wird von allen anerkannt (481). Diesem Zweckverhältnis, das die Mäuse sehr schätzen, entspricht die zweckmäßige Schmeichelei und Unterwerfung – aber nur im Rahmen der Konzerte. Darüber hinaus aber verhalten sich die Mäuse zu J. in väterlicher Weise fürsorglich und streng (479: „Art des Vaters"), nüchtern und gleichgültig bis hin zur Ausgrenzung: Sie lehnen ruhig ab, wenn J. Forderungen stellt (486), sie verwehren ihr in „kalte(r) richterliche(r) Haltung" ihre Sonderwünsche, „schließen" sie „undurchdringlich ab" (487).

Gespaltenes Verhältnis

Es ist daher ein gespaltenes Verhältnis, kalkuliert versöhnlich und „wohlwollend" (489), aber auch kritisch und abweisend.

Rollenverteilung und Handlungsverlauf

Hoch und niedrig

Grundsätzlich fällt bei der Anlage der Gesamthandlung ein komisch-ironischer Ausgangspunkt auf: Ausgerechnet im Reich der Mäuse wird hohe Gesangskunst dargeboten. Das Divengehabe J.s, der Begriff „Koloraturen", Verweise auf die „wirkliche Lust" am „Hohen" des Gesanges (488) – all diese Textstellen bedienen die übliche Assoziation des Erhabenen zur Gesangskunst, während die Mäuse erwartungsgemäß ziemlich profanen, simplen Beschäftigungen nachgehen.

Das Volk und die Einzelne

J. kann in gewisser Weise die Rolle einer Heldin zugesprochen werden: Sie ist quasi auserwählte Trägerin der Musik, kämpft auf aussichtslosem Posten um Anerkennung in einer Welt, die mit völlig anderen Maßstäben misst, als sie es erhofft, und die sie als Kind behandelt. Trotz Unterteilbarkeit in „Anhänger" und „Opposition" verdichten sich die übrigen Mäuse, gemäß dem Vater-Kind-Motiv, in der Rolle eines väterlichen Erwachsenen zu einem Antagonisten. Ein Beleg dafür ist z. B. die Hypothese vom Einzelnen „an Stelle des Volkes" (487). Können die Konzerte noch als stabiler Zustand angesehen werden, führt der Kampf J.s im Handlungsverlauf zu einer Instabilität, und ihre Mittel werden immer drastischer. Daher ist das Ende, ihr Verschwinden, konsequent: Im Volk beginnt das Vergessen durch die ewige, routinierte Heldenverehrung; J. erfährt Erlösung als endlich verehrte Heldin.

Deutungsansätze: kunsttheoretisch, historisch

Es geht nicht um Mäuse

Kernpunkte der **literarischen Uneigentlichkeit** sind in dieser Erzählung die Mäuse und die Musik bzw. der Gesang. Zum einen ist festzustellen, dem Erzähler geht es nicht um Aussagen über Mäuse. Explizite Hinweise auf Mäuse sind selten, fehlen gezielt, der Text liest sich über weite Teile wie eine Abhandlung über Menschen. Der Erzähler verwendet stellenweise unpassende Bezeichnungen für die Mäuse: In der Hypothese vom Einzelnen „an Stelle des Volkes" ist die einzelne Maus ein „Mann", Mäuse werden überdies „Genossen" bzw. „Volksgenossen" genannt (487). Als es um den „Erdarbeiter" und sein Pfeifen geht, ist dies mühelos übertragbar auf menschliche (Arbeits-)Verhältnisse (474). Dies trifft auch auf weitere Verhaltensweisen zu: Konzertbesuche, Arbeitserleichterungen beantragen, Sagen und Legenden überliefern usw. Offenbar tragen die Mäuse sogar menschliche Vornamen, wie das Beispiel „Josefine" zeigt. Auch der Begriff des „Volkes" zeigt letztlich an: Statt Mäuse sind hier eigentlich Menschen gemeint. Ebenso scheint es im Text nicht um die spezielle Kunstform der Musik zu gehen, sondern um „Kunst" (475) generell, und J.s Schicksal zeigt das des Künstlers in der (menschlichen) Gesellschaft, nicht das einer Sängerin in einem Mäusevolk.

Aussagen zum Wesen der Kunst und zur Lebensform des Künstler

Zentrale Aussagen zur Kunst

Liest man die Erzählung als literarisch verfremdeten Text voller theoretischer Behauptungen über Kunst, lassen sich zentrale Aussagen formulieren, die der Erzähler behauptet:

(1) **Kunst sei ein unzugängliches Phänomen**, hermetisch abgeschlossen, von den Menschen nicht wirklich erfahrbar, verstehbar. J.s Gesang mag Kunst sein, der Erzähler kann es nicht begreifen und mit ihm auch nicht der Leser, dies zeigt das Unverständnis und die Ignoranz den „Koloraturen" gegenüber (489).

(2) Daraus folgend nimmt der Erzähler eine **Degradierung der Kunst** vor, **sie sei etwas eigentlich Gewöhnliches, Niedriges**; die Rezipienten-Mäuse streben eigentlich nach anderen Befriedigungen, z. B. einer Art sozialer Tröstung, nicht nach Teilhabe an einem absoluten, erhabenen Kunstgenuss. Sie entwerten Kunst dafür.

(3) Daraus folgt eine weitere Behauptung: **Kunst habe vor allem sozialen Wert**, sie sei keine autonome, an sich wertvolle Erscheinung in der Welt.

Notwendiges Scheitern des Künstlers

(4) Demnach, so der Erzähler, **müsse der Künstler als Individuum notwendigerweise einen Niedergang in der Gesellschaft erleben**, er müsse scheitern, unglücklich werden bis hin zum Existenzverlust, wenn er sich wie J. existenziell an den Eigenwert seiner Kunst bindet, nach dem Absoluten und dessen Anerkennung strebt. Künstlerische Freiheit könne daher nur Illusion sein.

Historische Deutungsaspekte

Aspekte der Erzählung von J. sind als **historisch verortbare Sinnbilder** zu verstehen. Der Erzähler stellt Menschen als kunstferne, geschäftige und fruchtbare Mäuse dar. Wenn Kafka hier historische Wahrnehmungen vermitteln will, passen dazu Formulierungen, die er 1917 an seinen Freund Felix Weltsch schrieb, als er während seines Landaufenthaltes in Zürau nachts einer Mäuseplage ausgesetzt war:

„Was für ein schreckliches stummes lärmendes Volk"

„Was für ein schreckliches stummes lärmendes Volk das ist. (...) Auf die Kohlenkiste hinauf, von der Kohlenkiste hinunter, die Diagonale des Zimmers abgelaufen, Kreise gezogen, am Holz genagt, im Ruhen leise gepfiffen und dabei immer das Gefühl der Stille, der heimlichen Arbeit eines gedrückten proletarischen Volkes (...)"[28].

Die Mäuse sind Kafka hier **Sinnbild des anonymen, ärmlichen, geschichtslosen Arbeitervolkes**, wie er es in den Großstädten Europas (Prag, Wien, Berlin u. a.) und in seiner Tätigkeit als Angestellter einer Unfallversicherung für Betriebe erleben konnte, das sich handfesten, existenziellen Herausforderungen gegenüber behaupten und ästhetischen Erfahrungen verschlossen sein muss.

Ein anderer Teil der Forschung diskutiert Kafkas *Josefine* in ihren **Anspielungen auf das Judentum**, die auch als kritische Behauptungen gelesen werden können. Das Mäusevolk, das „zerstreut leben" (482) muss in einer Welt voller Feinde, sich aber „noch immer irgendwie selbst" (480) rettet, versinnbildliche nach dieser Lesart das europäische Judentum zu Beginn des 20. Jahrhunderts in einer von mehr oder weniger starkem Antisemitismus geprägten Umwelt. Der Erzähler und mit ihm Kafka wirft dieser Deutung zufolge diesem Volk Vernachlässigung seiner Geschichte, insbesondere der „Opfer, über die der Geschichtsforscher (...) vor Schrecken erstarrt" (480), vor.

---

28 Zitiert nach: Engel/Auerochs, S. 322.

3. CHARAKTERISTISCHE STRUKTUREN IN KAFKAS WERKEN

Subjektivität durch „einsinniges Erzählen"

Personale Erzählperspektiven

Kafka variiert seine Erzählerfiguren lediglich in der grammatischen Form zwischen 1. und 3. Person. Darüber hinaus gestaltet er ausschließlich personale Erzählperspektiven, die an die Subjektivität einer Figur der Erzählwelt (Perspektivfigur) gebunden und mit ihr in ihrem Wahrnehmungs- und Gedankenhorizont eingeschränkt sind (vgl. S. 31 ff. dieser Erläuterung). Der Begriff „personal" passt allerdings nur zu Kafkas Ich-Erzählern. Denn Kafkas Erzähler weisen ein bedeutsames Phänomen auf, welches nach herkömmlichem Verständnis von „personaler Perspektive" nicht miteinbezogen ist: Seine Erzähler sind nicht mit der jeweiligen Perspektivfigur identisch, sondern distanzieren sich von ihr. Mittel dieser Distanzierung sind z. B.

Distanzierung der Erzähler von den Figuren

- → Haltungsänderungen (vgl. *Eine kaiserliche Botschaft*);
- → eigenständige Wahrnehmungen, die die Figur nicht machen kann (vgl. den „unendlichen Verkehr" in *Das Urteil*, das Panther-Bild im *Hungerkünstler*);
- → Mitteilungen über die Perspektivfigur, die diese nicht kontrollieren kann (vgl. den „schweren Traum" in *Auf der Galerie*) und die sich auch gegen sie wenden können (vgl. die „spürbare Erholung" im *Hungerkünstler*).

Durch diese Distanzierungen macht der Erzähler eigenständige Aussagen, die aber „im Sinne" der Perspektivfigur etwas über sie mitteilen (vgl. die aus dem Panther-Motiv zu interpretierende Selbstkritik des Hungerkünstlers, S. 107 dieser Erläuterung). In der Forschung wird dieses Phänomen als **einsinniges Erzählen** behandelt und gilt vielen Interpreten als entscheidender Beleg für die in Kafkas Werken oft diagnostizierte existenzielle Verunsicherung des modernen Menschen, der den Überblick über seine Lebenswelt verloren hat, sowie für einen Grad an – biografisch zu interpretierender – Selbstablehnung Kafkas.

Beleg existenzieller Verunsicherung und Selbstablehnung Kafkas

Hang zum inhaltlich und sprachlich „Einfachen"

Erprobung im Mauseloch

In einem Brief 1922 an Max Brod schreibt Kafka: „Du sagst, ich solle mich an Größerem zu erproben suchen. Das ist in gewissem Sinne richtig, andererseits aber entscheiden doch die Verhältniszahlen nicht, ich könnte mich auch in meinem Mauseloch erproben."[29] Hier zeigt sich Kafkas Unbedenklichkeit und Neigung, über Kleines, Niedriges, Gewöhnliches oder Einfaches zu schreiben. Die **Geschehnisse** sind häufig in einer **Sphäre des Gewöhnlichen** angesiedelt. Die Figuren sind Angestellte, Bauern, Reisende, Artisten oder auch kleine bzw. ordinäre, Aas fressende Tiere. Mögliche Helden sind eigentlich scheiternde Antihelden und begehren nicht klassischerweise gegen ihr Schicksal auf. Oft geht es um abstoßende oder lächerliche Körperlichkeit (vgl. die Magerkeit des Hungerkünstlers oder Josefines gestreckter Hals beim Singen), teils kommen ordinäre oder ekelhafte Erlebnisse vor (vgl. das Rückkleben des Vaters im *Urteil*, das Erbrechen in der *Strafkolonie*, die wurmzerfressene Wunde im *Landarzt*, das orgiastische Aussaugen des Kamelkadavers in *Schakale und Araber*). Auch Objekte haben meist den Anschein des Verkommenen oder sind gewöhnliche Gegenstände, z. B. eine alte Zeitung, ein Kohlenkübel, eine rostige Schere, eine „abgerissene" Zwirnspule.

Abstoßende Körperlichkeit, gewöhnliche Dinge

Kafkas **Stil** ist vorwiegend schmucklos-nüchtern. Oft sind einfache Satzreihen verbunden oder Aussagesätze schlicht hintereinander geschaltet. Der Erzähler erweckt meist den Anschein einfach

---

29 Zitiert nach: Engel/Auerochs, S. 322.

nachvollziehbarer Rationalität, als würde jeglicher Inhalt dem herkömmlichen gesunden Menschenverstand entsprechen.

Daneben gestalten Kafkas Erzähler in einigen Erzählungen auch eine **Entwertung von etwas scheinbar Erhabenem**, sie setzen übernatürlich Großartiges herab: In der *Strafkolonie* verfällt die frühere Vergöttlichung der Gerechtigkeit zum bloßen Hinrichtungsakt; in *Schakale und Araber* stellen sich die angebliche Auserwähltheit des Reisenden und der Tötungsritus als abgedroschene Routine heraus; Josefine, die Sängerin, pfeift nur wie alle anderen Mäuse, anstatt zu singen. Eine Lesart solcher Entwertungen ist die, dass Kafka hier Kritik an Überhöhungen jeder Art übt und sie als bloße Machtinstrumente oder eitle Selbsttäuschungen entlarvt.

Kritik an Überhöhungen aller Art

Kafkas Hang zum Einfachen darf allerdings nicht darüber hinwegtäuschen, dass die ästhetische Darbietung äußerst komplex und die Verstehensansprüche seiner Werke hoch sind. Ein Beispiel für die inhaltlichen Auswirkungen der ästhetischen Oberfläche ist die Grammatik in *Auf der Galerie* (vgl. dazu S. 67 ff. dieser Erläuterung).

Typisierung von Figuren

Typisierte Stellvertreter

Kafka zeigt häufig Figuren nicht als einzigartige, individuelle Charaktere mit unverwechselbaren Eigenheiten, sondern als typisierte Stellvertreter (vgl. dazu S. 50 ff. dieser Erläuterung), denen höchstens durch unerwartetes Verhalten eine Eigentümlichkeit zuteilwird. Mittel zur Anzeige dieser Typisierung sind insbesondere die fehlenden Individualnamen und deren Ersetzung durch Funktions- bzw. Amtsbezeichnungen (in den hier behandelten Erzähltexten z. B. „Offizier“, „Reisender“, „Türhüter“, „Kohlenhändler“, „Landarzt“, „Kaiser“, „Schutzmann“, „Hungerkünstler“ usw.). Daneben sind Verhalten und bildliche Attribute oft typisch und der Funktion entsprechend gestaltet (vgl. „Waffenrock“ und Befehlston des Offiziers in der *Strafkolonie*). Eine wesentliche Bedeutung dieser Typisierungen liegt in ihrer entindividualisierenden, verfremdenden Wirkung: Die Figuren werden zu Exemplaren eines anderen Phänomens, z. B. eines einfachen Menschen („Mann vom Lande" in *Vor dem Gesetz*), des privaten Individuums gegenüber einer öffentlichen Menge (*Hungerkünstler*), staatlicher Macht („Schutzmann" in *Ein Kommentar*), psychischer Instanzen („Pferdeknecht" in *Ein Landarzt*) oder sonstiger abstrakter Phänomene („Reisender" in der *Strafkolonie* für europäisches, modernes Gedankengut). Außerdem wirken die Figuren dadurch anonym, die durch sie getragenen Verhältnisse fremd. Mit der vom Erzähler vorgenommenen Typisierung wird die Verallgemeinerung einer Figur eine unterstellbare Intention des Textes, die Deutung daher textgemäßer. Typische Funktionen sind bei Kafka auch oft in **Vielheiten** ausgedrückt und aufgespalten. So kann Autorität z. B. als Figurenmenge auftreten: In Kafkas *Josefine* hat das Volk der Mäuse z. B. eine „Vaterfunktion", die Gesellschaft als soziales Gegenüber verbildlicht sich im *Hungerkünstler* als Publikumsmenge.

Entindividualisierende Wirkung

Repertoire an Figuren und -beziehungen

Es lassen sich bei Kafka oft bestimmte Typen von Figuren erkennen. **Protagonisten** sind häufig Junggesellen, Kaufmänner, Söhne, Spaziergänger, Künstler. Ihnen sind meistens bestimmte Merkmale gemein: Sie sind meist männlich, alleinstehend bzw. Einzelgänger, zeigen sich unterwürfig, desorientiert, ängstlich, geben sich oft Illusionen und Täuschungen hin. **Nebenfiguren** sind in der Regel durch typische Autoritätspersonen besetzt: Väter, Amtsträger, Wächter, Aufseher, Geschäftsführer, „Herrenfiguren" aller Art. Sie gebärden sich häufig unvorhersehbar, irrational, gefühlskalt, unzugänglich, überheblich.

Autoritäre Nebenfiguren

Eine Besonderheit der Kafkaschen Figurentypisierung bilden

die **Tierfiguren**. Sie leisten im Wesentlichen dasselbe wie ihre menschlichen Entsprechungen, ihr Verfremdungspotenzial ist allerdings höher. In ihnen objektiviert sich ein kritisch-ironischer Blick auf etwas eigentlich Vertrautes, das zu etwas Fremdem wird: Der Erzähler zeigt vertraute menschliche Verhältnisse gespiegelt in Tierwelten (Juden als „Schakale", Proletarier als „Mäuse"). Daneben verbildlichen die Tiere selbst auch Seinserfahrungen, z. B. die tödliche Angst der Maus in der *Kleinen Fabel*. Dieses Repertoire verweist schon auf die für Kafkas Erzählungen charakteristische **Beziehungsform der Unterwerfung bzw. des Unterworfen-Seins**: So kommen sehr häufig formelle oder informelle Über- und Unterordnungen der Figuren vor. Meist drücken antagonistische Nebenfiguren ihren Hochstatus als Autorität aus, und die Hauptfiguren agieren im Tiefstatus, sind abhängig, unterwerfen sich. Georg Bendemann lässt sich vom Vater verurteilen, der Mann vom Lande scheut vor dem Türhüter, der Kübelreiter ist abhängig von der Barmherzigkeit des Kohlenhändlers, der Landarzt lässt sich von der Familie des Kranken erweichen und flüchtet zuletzt. Im Rahmen psychoanalytischer und biografischer Lesarten wird Kafka bescheinigt, in seinen Figuren Repräsentanzen seines Vaters und seiner selbst darzustellen und mit ihnen literarisch unentwegt sein Vaterverhältnis zu inszenieren, um so seine familiären Erfahrungen zu verarbeiten.

Inszenierung des eigenen Vater-Sohn-Verhältnisses

Justizielle und moralische Themen und Motive

Formen existenzieller Schuld

In vielen Erzählungen und insbesondere in den Roman-Fragmenten Kafkas geht es um konkrete **Schuld** oder schuldähnliche Verhältnisse einzelner Figuren gegenüber Autoritäten. Georg Bendemann beschuldigt sich in *Das Urteil* selbst der mangelnden Umsorgung des Vaters und wird von diesem beschuldigt; in der *Strafkolonie* ist die Schuld der Verurteilten „immer zweifellos"; im

Kübelreiter muss der Frierende das Geld für die Kohlen schuldig bleiben; der *Landarzt* beschuldigt sich selbst der Opferung seines Dienstmädchens und flieht nach dem Tod des Patienten vor einer möglichen Schuldzuweisung durch die Dorfbewohner; der *Hungerkünstler* entschuldigt sich bei seinem Publikum.

Oft ist die Schuldvorstellung eine archaische, primitive, auch kindliche: Sie besteht in Verfehlungen gegenüber einer Autorität (*In der Strafkolonie, Das Urteil*). Es gibt aber auch Formen existenzieller Schuld bei Kafka: Die Maus der *Kleinen Fabel* ist ihrer zwanghaften Lebensweise nach selbst schuld an ihrem Tod; dem *Hungerkünstler* ist sein Geschmack lebenswichtig – wichtiger als Nahrungsaufnahme; der *Landarzt* lässt sich durch innere Kräfte in sein lebensbedrohliches Dilemma treiben. Schuld ist hier meist reflexiv, ein Selbst-Schuld-Sein

Strafen

Auch Strafen, durch die die Schuld gesühnt werden kann, sind für Kafkasche Erzählungen bedeutsam. Sie sind oft **grausam und unverhältnismäßig**: ein Todesurteil für den Sohn, der den Vater enttauscht und seinen Platz hat einnehmen wollen im *Urteil*; eine zwölfstündige Folter bis zum Tod für eine grotesk simple Beleidigung in der *Strafkolonie*; ein ewiges Umherirren in der Kälte für den *Landarzt* und den *Kübelreiter*. Mit diesen Übertreibungen deutet Kafka eine **Sinnlosigkeit menschlicher Existenz** an: Die Figuren sind ausweglos verstrickt in schmerzhafte, sie letztlich auslöschende Lebensbedingungen. Biografisch gelesen, gestaltet Kafka in diesen moralischen und justiziellen Strukturen seinen persönlichen Schuldkomplex dem Vater gegenüber.

Allgegenwärtigkeit des Gerichts

Folgerichtig finden sich in vielen Figuren und Figurengruppen Funktionen wieder, die herkömmlicherweise durch **Richter und Gerichte** ausgeübt werden: Der Vater richtet über den Sohn, eine Inseljustiz, die im „Offizier" die Gewalten verschränkt, statt sie zu trennen, richtet über einen Soldaten, Forschungsreisende sollen über fremde Verhältnisse richten, das Publikum richtet über einen Künstler. Mit dem überall anwesenden informellen, impliziten Gericht im Leben der Figuren zeigt Kafka ein Lebensgefühl des modernen Menschen an, der sich vor umfassend bedrückenden, totalitären Lebensverhältnissen als unzulänglich begreifen muss.

Groteskes und Phantastisches

Kafkas Erzähler schildern häufig ein scheinbar **paradoxes, groteskes Geschehen** und grotesk agierende Figuren als Teil dieses Geschehens: ein alter, gebrechlicher Vater, der auf dem Bett tanzt, im *Urteil*; ein „hündisch ergebener" Verurteilter, der an mehreren Eisenketten gehalten wird und später mit seinem Wärter spielt, in der *Strafkolonie*; ein Polizist, der spöttisch Hilfe verweigert, in *Ein Kommentar*. Diese teils widersprüchlichen Übertreibungen verstärken die Hilflosigkeit und das Ausgeliefert-Sein der Figuren in Kafkas Erzählwelten. Die hoffnungslose Lage ist existenziell so erdrückend, dass die Grenzen zum verstandesmäßig Fassbaren überschritten werden. Das **Paradoxe der Sprache** zeigt sich häufig in dem Erzählmuster, zunächst Aussagen zu setzen und dann ihre Gültigkeit, die vom Leser fortan erwartet wird, zu brechen: Der Fußgänger in *Ein Kommentar* geht zunächst in einer morgendlich „reinen", menschenleeren Stadt, wird dann aber plötzlich orientierungslos; Josefine wird als mächtige Sängerin und als für die Mäuse bedeutsame Person eingeführt, am Ende ist sie vergessen, sogar ihrem Gesang wird die Existenz abgesprochen. Kafkas Erzähler bedienen sich bei diesen „Dekonstruktionen" und Umwertungen häufig des Konjunktivs, um mit Möglichkeiten die Wirklichkeit zu konterkarieren.

Widersprüchliche Übertreibungen

Dekonstruktion anfangs gesetzter Aussagen

Eine Besonderheit Kafkascher Erzählungen bilden die zur **Traumlogik** gehörenden Inhalte und Erzählweisen. Diese sind nicht per se grotesk, sondern wirken schlicht irreal, wie z. B. das schnelle Überwinden weiter Strecken im *Landarzt* oder in *Schakale und Araber*, das Reiten auf einem Kübel, das sich verselbstständigende Arbeiten einer Maschine in der *Strafkolonie*, die Existenz der sprechenden Zwirnspule Odradek in der *Sorge des Hausvaters*. Die Traumstrukturen können gelesen werden als Indizien einer vom Text initiierten psychoanalytischen Lesart wie im *Landarzt*. Sie sind generell ein Hinweis auf Uneigentlichkeit, der Erzähler will das Geschilderte nicht als konkrete Tatsache verstanden wissen, sondern signalisiert den Anspruch einer verallgemeinerten Bedeutung.

4. WIRKUNGEN KAFKAS

Rezeption zu Lebzeiten

Kafkas **Rezeption zu Lebzeiten** bestand hauptsächlich in überwiegend positiven Rezensionen teils namhafter Kritiker (darunter Robert Musil oder Kurt Tucholsky) seiner wenigen Zeitungs- und Buchpublikationen sowie öffentlichen Lesungen. Innerhalb der Avantgarde und des literarisch höher gebildeten Publikums hatte er daher schon zu Lebzeiten einen gewissen Bekanntheitsgrad. Kafka weigerte sich aber, seine (unvollendeten) Romane zu publizieren, und veröffentlichte überhaupt nur einen kleinen Teil seiner heute bekannten Erzählungen. Im Verhältnis dazu kann man die Rezeption in der Kritik als angemessen bezeichnen.

Posthume Rezeption nach 1924

Brods religiöse Deutung

Die von Kafkas Freund Max Brod vorangetriebene **religiöse Rezeption zwischen den Weltkriegen** bildet die erste posthume Phase der Wirkungsgeschichte. Brod hatte Kafkas nachgelassene Schriften nahezu vollständig gesammelt, redigierte sie nun sukzessive, teils unter verfremdenden Texteingriffen, und gab sie ab 1925 heraus, beginnend mit den Romanen. Daneben legte er sie aber auch religiös aus, sah in den Romanen und Erzählungen grundsätzlich positive menschliche Heils- und Erlösungsgeschichten und verklärte seinen bewunderten Freund ins Quasi-Göttliche. Bezeichnend dafür ist der Untertitel seiner Kafka-Biografie von 1937: „Verzweiflung und Erlösung im Werk Franz Kafkas". Seiner Autorität als Nachlassverwalter wegen folgten ihm viele Interpreten, einige widersprachen aber auch. Die Kulturpolitik der Nazis verbannte Kafkas Erzählungen aus dem Dritten Reich, ihm wurde Gefährdung der Volksgemeinschaft vorgeworfen. Die in den Weimarer Jahren beginnende breitere Kafka-Rezeption endete 1933 in Deutschland. Gemessen am heutigen Weltruhm des Dichters war sie bis dahin bescheiden gewesen.

Nach 1945

Im Zuge einer **differenzierten außerästhetischen Rezeption nach dem Zweiten Weltkrieg** traten weitere Verständnisweisen der Werke Kafkas auf. Zunächst führte die religiöse Anschauung, Kafka erlöse den Menschen aus einer übernatürlichen Not, in den krisenhaften Nachkriegsjahren zu großer Breitenwirkung. Die notleidenden Menschen empfanden Kafka nach der Erfahrung von Krieg und Holocaust als aktuell. Ab den 1950er-Jahren verlagerte sich der Fokus vom Übernatürlichen langsam auf das weltliche Sein des Menschen. Die Rezeption des Existenzialismus setzte ein und führte bis in die 1960er-Jahren zu einer wahren Deutungsflut. Sie konzentrierte sich auf moderne, absurde Existenzerfahrungen in Kafkas Erzählungen und beschrieb sie mit dem Schlagwort „kafkaesk“ (Angst, Tod, Anonymität, Ekel, Nichts usw.). Im Ostblock wurde Kafka offiziell vernachlässigt. Man sah ihn als kapitalistischen Dichter an, „Kafkaismus“ galt als Synonym für bürgerliche Dekadenz. Daneben setzte im Westen seit den 1960er-Jahren eine soziologische, materialistische Rezeption ein, die in Kafkas Erzählungen zerstörerische Familiensozialisation oder Kritik an der Klasse des Bürgertums ortete.

Vorwurf bürgerlicher „Dekadenz“

Formalästhetische Rezeption

In einer **Gegenbewegung** zu diesen weltanschaulichen Richtungen entwickelte sich schon seit den 1950er-Jahren eine formalästhetische Rezeption Kafkas, die in präzisen Strukturanalysen insbesondere die eigentümliche Erzählweise und die Bedeutung der Form erforschte. Der Begriff „einsinniges Erzählen“ für den Kafka-typischen Erzähler (perspektivische Bindung an Figur bei gleichzeitiger Distanzierung) entstammt dieser Forschung. Kontexte der Wirklichkeit (Geschichte, Gesellschaft, literarische Tradition) wurden von diesem Forschungszweig konsequent ausgeklammert. Seit den 1970er- und 1980er-Jahren kam eine Interpretationsskepsis auf, teils aus theoretischer (Rezeptionstheorie), teils aus praktischer Einsicht, denn der Deutungspluralismus wurde un-

Unüberschaubare Deutungsvielfalt

überschaubar: Kafka wurde schon zu Lebzeiten psychoanalytisch gelesen und die psychologische Verstehensrichtung begleitete die gesamte Rezeptionsgeschichte, weitete sich seit den 1970er-Jahren nochmal aus und verband sich mit der Zeichentheorie: In Kafkas Texten wurden seitdem Zeichen Freudscher „Instanzen" untersucht, Kafkas unterbewusste Triebstrukturen offengelegt usw. Dazu kommen weitere Lesarten, die bis heute aktuell sind: Die Diskursanalyse spürt den unendlichen Verweisungen und Kontexten der von Kafka verwendeten Begriffen intertextuell und kulturell nach; Lektüren in der Art der Geschlechterforschung versuchen bei Kafka Strukturen impliziter und hierarchischer Geschlechterrollen nachzuweisen; rezeptionsästhetische und konstruktivistische Lektüren beobachten, wie Leser bei der Kafka-Lektüre Sinn konstruieren (oder an dieser Aufgabe scheitern) – den Text selbst vernachlässigen diese neueren Richtung dagegen des Öfteren. So wächst der theoretische Rezeptionspluralismus stetig weiter (bis hin zu symptomatischen Publikationen wie *Kafkas „Urteil" und die Literaturtheorie. Zehn Modellanalysen*, hrsg. v. Oliver Jahraus und Stefan Neuhaus, Stuttgart: Reclam, 2002). Der Name „Kafka" ist zwar heute im Allgemeinbesitz, doch er steht oft klischeehaft für ein unlösbares Rätsel. Eine Werbeanzeige der Firma Mast-Jägermeister im „Spiegel" von 1977 bringt diese Vereinnahmung, aber auch Kapitulation der Massenkultur vor dem Dichter auf den Punkt: „Ich trinke Jägermeister, weil ich Kafkas Schloss nicht geknackt habe" (Spiegel, Nr. 40, 26. 9. 1977, S. 62).

Kafka und die Literaturwissenschaft

„Kafka" heute Teil der Populärkultur

LITERATUR

Primärliteratur:

Kafka, Franz: *Die Erzählungen.* Hrsg. v. Roger Hermes. Fischer Taschenbücher Bd. 90371 (Fischer Klassik). Frankfurt/Main: Fischer Taschenbuch Verlag, 2011 → Nach dieser Ausgabe wird zitiert (durch Seitenangaben in runden Klammern).

Kafka, Franz: *Briefe 1902–1924.* Hrsg. v. Max Brod. Frankfurt/ Main: Fischer Taschenbuch Verlag, 1983.

Kafka, Franz: *Tagebücher.* Textband. Hrsg. v. Hans-Gerd Koch, Michael Müller u. Malcolm Pasley. (Kritische Ausgabe. Schriften, Tagebücher, Briefe.) Frankfurt/Main: S. Fischer, 1990.

Sekundärliteratur:

Binder, Hartmut (Hrsg.): *Kafka-Handbuch in zwei Bänden.* Stuttgart: Alfred Kröner, 1979 → Band 1: Der Mensch und seine Zeit, Band 2: Das Werk und seine Wirkung.

Engel, Manfred/Auerochs, Bernd (Hrsg.): *Kafka-Handbuch. Leben – Werk – Wirkung.* Stuttgart: J. B. Metzler, 2010.

Hermes, Roger u. a. (Hrsg.): *Franz Kafka. Eine Chronik.* Berlin: Wagenbach, 1999.

Neumann, Gerhard: *Hungerkünstler und Menschenfresser. Zum Verhältnis von Kunst und kulturellem Ritual im Werk Franz Kafkas.* In: Wolf Kittler/Gerhard Neumann (Hrsg.): Franz Kafka. Schriftverkehr. Freiburg i. Br.: Rombach, 1990, S. 399–432.